The Second Apple

The Second Apple

저자 / 하민국
펴낸곳 / 미성문화원
펴낸이 / 장시왕

초판1쇄 발행 / 2017년 09월 01일
초판1쇄 인쇄 / 2017년 09월 05일

출판등록 / 2004년10월6일
　　　　　제 2014-000095

주소 / 서울시 영등포구 여의대방로5길2
　　　　(신길동 우창아파트 별관)
전화 /1599-5117　F:02-833-4400
홈페이지 / www.meesung.co.kr
이메일:msung53@naver.com

T:1599-5117　F:02-833-4400

ISBN : 979-11-86157-13-8　03230

The Second Apple

쉼, 정담

누가 어떻게 무엇을

많이 소유했다는 이야기는 부러움의 대상이 아니다

우리들은 기꺼이

이런 환경에서도 저런 상황에서도 쉼을 가졌다는 이야기는 완전 부러움이다.

그래서 정담은 철저히 쉼의 이야기이다.

돌아봄

돌아보니 아픔이고 회환이면
다시 앞을 보고 걸으면 된다.
그리고 어느 날 다시 돌아볼 때 추억이고 환희이면
지금 우리들은 인생길 잘 걸어가고 있는 것이다.

contents

contents

땅들아 고맙다

땅들이 기지개를 켠다.

굳었던 몸을 이리저리 비틀며 상체기를 해댄다.

새싹이 돋고, 꽃망울이 터지는 봄의 전령 뒤에는 땅들의 관용과 인고가 숨어 있다. 땅들의 심성은 아름다운 헌신이다.

인생들은 대부분 땅들에 대한 고마움을 망각하고 살아간다.

환호의 순간과 성취의 기쁨, 때로는 환경에 대한 원망과 도저히 헤쳐 나갈 수 없는 한계 상황에 부딪칠 때마다 하늘을 우러러 부르짖는다.

하늘과는 매우 호전적인 소통을 한다. 별과 달을 노래하고 태양의 기운을 만끽한다.

그러나 인생들은 땅들에 대한 메아리는 잘 듣지 않는다.
그렇게 외면을 당하면서도 땅들은 항상 인생들의 곁을 떠나지 않는다.
임마누엘의 하나님처럼 가장 존귀한 것들이 인생들을 위해 동행하고 있음에도 불구하고 인생들은 가까운 존재의 소중함을 모르는 체 살아간다.

땅들은 인생들의 죽음까지 동행해주는 의리로 똘똘 뭉친 친구들이다.
바다의 범람을 막아주고 모든 생명들에게 넓은 마당을 아낌없이 내어주는 큰마음의 소유자들이다. 짐승의 가죽처럼 단단하게만 느껴지는 지표면의 모습만이 땅의 실체, 전부가 아니다.

땅들의 성품은 과묵하고 온화하며 차림새는 언제나 수수하다. 온갖 금은보화를 다 가지고도 현란한 치장을 하지 않는다. 뜨거운 열기까지도 기꺼이 품어주는 도량은 헤아릴 수 없이 깊다. 큰 나무들을 일으켜 세워주고 격려하는 모습은 덕망 높은 스승의 모습을 연상케 한다. 높은 산 깊은 바다까지 다 품고 있는 광대함과, 큰 바위와 바닷물을 통째로 업고 있는 땅들은 실로 힘이 장사다.

봄이다.

가만 귀기울여보면 땅들의 소리가 들린다. 자칫 방관하면 동사할 수 있는 초목들을 보호하며 겨울나기에 들어선 땅들의 나라가 분주해지고 있다. 생명들에게 운동과 휴식을 제공하고 채소를 생산해주는 땅들의 광대한 움직임이 활기차다.

삭풍은 지나갔다.
땅들은 볼이 터질 듯 매서운 겨울바람을 이겨냈다. 온몸으로 지표면을 덮은 땅들의 희생으로, 깊은 땅들은 따뜻한 겨울을 보냈다. 동장군의 기세에 눌려 잔뜩 움츠리고 있던 땅들이 기지개를 켜며 와자지껄한 회의를 연일 반복하고 있다. 회의 주제는 봄에 대한 역할 분담이다.

함박눈을 녹여 먹으며 동면에 들어간, 겨울나기에 고단했던 땅들은 해마다 반복되는 한바탕 새싹 축제를 준비하고 있다. 송송 바늘구멍을 내고 미명의 새싹들을 지표면 위로 내보낼 차비를 서두르고 있다. 땅들의 힘으로 지표면에 올라선 새싹들은 머지않아 태양과 연합하여 아름다운 꽃망울을 터뜨리게 된다.

인생들은 꽃들에게 아낌없는 찬사를 보낼 것이다.
꽃들이 박수갈채를 받을 때 땅들은 지그시 눈을 감고 잠든 체하며 자신들의 공로를 자랑하지 않을 것이다. 땅들은 나서지 않는다. 봄 축제를 주관하시는 창조주의 명령만을 묵묵히 수행할 뿐이다.

땅들은 항상 인생들의 곁에 있다.

땅들은 짓밟혀도 원수를 갚지 않는다. 오히려 그들의 갱생을 위해
제 몸까지 내어준다. 낙심천만한 인생들이 고개를 처박고 탄식할
때 땅들은 기꺼이 함께 울어준다. 인생들이 큰 대자로 누워 하늘
에게 환호성을 보낼 때에도 땅들은 질투하지 않고 인생들의 등 뒤
에서 묵묵히 자리를 지켜준다.

코끝을 파고드는 공기가 제법 간지럽다.

간간이 훈풍이 머문다. 땅들은 벌써부터 꽃피는 봄의 임무를 완성
하고 광활한 초록 숲의 향연을 준비하고 있다. 숲이 우거지면 새
들이 둥지를 틀고 인생들은 청량한 공기를 마시며 숲의 그늘에서
쉼을 얻을 것이다.

인생은 쉼을 위한 여정이다.

필경은 천국을 입성할 영혼의 쉼을 위한 여정이다. 화장장 한 줌
흙으로 땅이 되는 여정 중에 인생들은 많은 만남을 스쳐간다. 아
름다운 자연들이 말하는 소리들을 외면하며 살아간다.

땅은 귀소 본능적 동경의 대상이 아니다. 땅은 곧 인생들의 발자
취이다. 땅들은 인생들의 박제이고 헌옷을 모아 잘 꾸민 박물관이
다. 그래서 땅은 우리들이다.

인생들은 누구나 피할 수 없는 별리의 시간이 도래한다.

영원한 작별의 날이 도래하기 전에 칠순, 팔순 잔치를 열어 소중한 인생들에게 고마움을 전하고 나눈다.

어느 봄날 하루, 한적한 산야를 걸으며 땅들의 소리를 다 들어주고, 종일토록 바라보면서 꼭 한마디 말해주고 싶다. 땅들아 고맙다.

모든 교회는 무너진다

교회에서 기도를 하다가 문득, 나는 지금 어떤 교회에서 기도를 하고 있는가에 대한 회개의 돌이킴이 다가온다. 하나님께서 원하시는 교회의 모럴대로 사명을 다하고 있는가에 대한 명제는 가슴 언저리를 애이게 한다.

많은 교회들이 문을 닫고 있다. 폭풍우처럼 몰아쳤던 성령의 구원하심이 기독교인 천만 명이라는 경이로운 축복을 받은 지 불과 몇십 년이 지난 지금 한반도는 의인 열 명이 없어서 멸망한 소돔 고모라성과 같이 되었다.

모든 교회들이 하나님의 뜻이 있어서 세워지고 있는가에 대한 답은 드러나지 않는다. 그러나 분명한 사실은, 교회는 세워지기도 하고 문을 닫기도 한다. 영원히 존립되는 교회는 이 땅에 없다. 하나님께서 원하시는 곳에 교회가 세워지고, 교회가 사명을 다한 곳은 문을 닫는다. 하나님께서 세우신 교회도 문을 닫는데 사람들이 세운 교회는 오죽하랴.

예루살렘 교회도 문을 닫았고, 안디옥 교회도 문을 닫았다. 하나님이 영구하시니 교회 또한 영구하다는 말로 하나님의 영원성을 훼손해서야 아니 될 말이다.
하나님의 영원하심과 교회의 영원함은 본질이 다르다. 사람들이 들락거리는 교회는 오염되고 변질되기 때문이다. 많은 목회자들이 교회를 세운다. 어쩌면 처음부터 하나님과 무관한 교회를 세운 것인지도 모른다.

기독교인들이 혼돈 하는 것은, 교회를 생각하는 의식이다. 교회라는 말을 들으면 먼저 S 교회라든지, M 교회와 같은 현존하고 있는 교회와 연결되기 때문이다. 이러한 교회들은 그 소임을 다하거나 목회자가 타락하면 무너지는 교회들이다. 이런 의미의 교회는 팔고 사고할 수도 있고 헐어버릴 수도 있다. 그러므로 이런 교회를 두고 하나님의 교회가 영원하다고 하는 것은 어불성설이다.

우리가 비록 같은 단어로 '교회'라는 말을 사용하고 있지만, 하나는 지엽적인 교회(local church)를 뜻하고, 다른 하나는 공회

(catholic church)라는 의미의 교회인데 우리들의 의식은 구분 없이 혼용되고 있다.

'가톨릭' 이라는 말이 '천주교회' 라는 특정 교회를 지칭하는 말이 아니다. 천주교회에서 '가톨릭교회' 가 마치 천주교회인 것처럼 사용하고 있지만, '가톨릭교회' 는 본래, '하나의 유일한 교회'란 뜻을 지닌 '공회' 를 일컫는 말이다. 모든 지엽적 교회들이 근본적으로 한 뿌리에 있는 하나의 교회라는 뜻이다. 교회들이 각 지역에 저마다 다른 이름으로 세워졌지만, 이들 교회를 하나로 묶은 거대한 우주적 교회(universal church)를 '공회' 즉 '가톨릭교회' 라고 부른다.

지금 천주교회에서 쓰고 있는 '가톨릭교회' 는 그들과 무관한 말이다. 공회라는 뜻의 '가톨릭교회' 와 '천주교회' 를 구별하기 위해서, 천주교회에는 '로만 가톨릭교회' 라고 'Roman' 이라는 형용사가 덧붙어 있다. 그런데 '로만 가톨릭교회' 가 '공회' 의 의미인 '가톨릭교회'라는 말과 혼용되어 사용하고 있으니 개탄할 일이다. 지금 이단이 되어버린 천주교는 '가톨릭교회' 가 아니다. '로만 가톨릭' 교회 '가 맞다.

원래의 뜻대로, '가톨릭교회' 는 어느 누구의 점유물이 아니다. 무너지거나 사고 팔 수 있는 교회가 아니라 하나님께서 원하신 모든 교회를 하나로 묶은, '공회' 를 뜻한다. 사도신경을 외울 때에, 거룩한 공회(holy catholic church)를 뜻한다.

거룩한 공회는, 주 예수 그리스도를 믿는 모든 교회를 하나로 묶는 교회의 본질적 전체를 뜻한다. S 교회, M 교회로 호칭하고 있는 수많은 교회 이름들은, 성격도 다르고 장소도 다르며 많은 상대적 교회들과 비교되고 있는 교회들이다. 이런 교회들은 지역 교회 혹은 개 교회라고 불리면 된다.

이런 교회들은 아무리 그 이름을 의미 있게 붙인다고 해도, 하나님이 영원하니까 교회도 영원하다고 말할 수 있는 교회들이 아니다. 언제든지 무너지고 팔리는 교회들이다. 예수께서 그리스도라고 고백하지 않는 교회들은 기독교회의 범주에 들어 올 수 없다.

많은 교회들이 파당을 짓고 있다. 예나 지금이나 각기 제 목소리를 내고, 아볼로니, 게바니, 바울이니 하면서 갈라지기 마련이다 (고전1:12/3:4). 사람들이 개입하기 때문이다. 지금도 교단과 지역과 성도에 따라 교회는 그 성격을 달리하고 분열되어 있다. 지역 교회들은 다양하고, 복음은 조금씩 왜곡되고, 목회자는 타락한다. 그래서 모든 교회는 때와 시기는 다르지만 무너진다.

우리들은 공교회와 지역 교회를 혼돈 하고 있다. '예루살렘 교회', '안디옥 교회' 는 공교회가 아니다. 언제든지 무너질 수 있는 지역교회를 일컫는다. 지역 교회는 문을 열기도 하고 닫기도 한다. 교회를 세울 때 닫을 것도 예견해야 하는 이유이다. 초대에 세워진 여러 교회 중에 우리들이 교훈을 삼고 돌아볼 모형이 있다면, 예루살렘 교회와 안디옥 교회이다.

예루살렘 교회는 예루살렘에 있는 유대인들의 교회였고, 안디옥 교회는 안디옥 지역에 있는 이방인의 교회였다. 예루살렘 교회는 예수 그리스도의 친동생 야고보가 수장이었고 (갈1:19), 야고보 사후에는(행12:19) 베드로가 자리를 지켰으니 정통성이 이처럼 확실한 교회는 없다.

야고보는 무릎이 낙타 무릎 같았다고 할 만큼 늘 엎드리어 기도하던 사람이었으며 야고보서를 남길 정도로 모든 면에서 본이 되었던 사람이다. 베드로 역시 예루살렘 교회의 실질적 지도자로써, 예수 그리스도께서 그 터 위에 교회를 세우시겠다고 하신대로, 이름도 '바위'이고 굳건한 초석이었으니, 야고보와 베드로가 버티고 섰던 예루살렘 교회는 정통 중의 정통이었다.

이런 연유로 로만 가톨릭교회는 베드로로부터 교권을 이어받아 지금껏 직분을 다하고 있다고 주장하고 있는 것이다. 베드로야말로 명실상부한 교회의 초석이라고 할 수 있다. 그러나 예루살렘 교회는 덧없이 사라졌다.

안디옥 교회 역시 역사 속으로 사라졌지만, 안디옥 교회가 어떠한 길을 걷다가 사라졌는가는 오늘날 교회 사명을 감당하고자 하는 목회자들에게 많은 교훈을 남긴다. 스데반의 박해 이후 흩어진, 잡초 같은 무명의 유대인들이 목숨을 내걸고 헬라인에게 복음을 전파하면서 세워진 교회가 안디옥 교회이다(행11:19). 바나바의 지도로 굳건해진 안디옥 교회는 이름만 가지고 본다면 베드로나 야고보에 견줄 수 없는 교회였다. 이름으로나 지역적으로나 아무리 따져 봐도 정통성에 있어서 예루살렘 교회를 따를 수밖에 없었다. 그럼에도 불구하고 안디옥 교회 사람들이 그리스도인이라고 처음 칭함을 받은 사실(행11:26)은 오늘날의 교회들에게 매우 의미심장한 교훈으로 다가온다.

주도적 역할을 수행한 듯 보이던 예루살렘 교회는 주후 70년 경 로마의 예루살렘 파괴 이후 흔적도 없이 사라져 버렸다. 안디옥 교회는 고린도 교회와 로마 교회가 자리를 잡을 때까지 3백여 년 이상 유지되었다. 예루살렘 교회는 유대인 중심이었고, 바울의 서신을 통해 보면 유대인들은 할례를 아주 중시했다는 것을 알 수 있다. 유대인들은 하나님이 직접 선택하신 민족이었기 때문에, 선택 받지 않은 이방인들 하고 그리스도 안에서 똑같다는 의식을 받아들일 수 없었다. 양반은 얼어 죽어도 겻불을 쬐지 않는다는 사대부 정신 같은 선민의식에 사로잡혀, 자신들만이 구별 받은 민족임을 자부할 표식이 필요했다. 그것이 할례이다. 할례도 안 받은 이방인들이 거룩한 예배에 참여하는 것조차 눈꼴시었을 그들의 마음은 차별의식으로 가득 찼다.

그래서 유대 전통에 어긋난 어떠한 것도 허용하지 않고 전통과 율법에 매달려 고집을 부렸다. 예수 그리스도의 복음은 죽음으로부터 해방된 기쁨의 자유였지만, 그들은 자신들을 위한 율법의 복음을 만들었다. 그리스도 예수의 복음은 차별의 완전한 철폐였지만, 그들이 오염시킨 예루살렘 교회의 율법적 복음은 차별을 정당화하는 것이었다.

예수 그리스도 안에서 유대인과 헬라인의 구분이 무너진 사실을 받아들이지 못했던 그들은, 복음을 유대 전통 안에서만 해석하려 했다. 그러다보니 할례도 있어야 하고, 안식일도 있어야 하고, 예루살렘도 있어야 했다. 눈에 보이는 행동적 전통에 매달리다보니 성전이 무너지고 예루살렘 성곽이 무너질 때 예루살렘 교회도 결국 덧없이 무너진 것이다. 인간에 의해 가미되는 율법적, 전통적 사고들은 예나 지금이나 그리스도 예수께서 주신 복음을 훼손시키고 있다.

성전이 무너진 또 다른 이유는, 예루살렘 교회는 행동하지 않는 교회였다는 점이다. 한마디로 앉은뱅이 교회였다. 예루살렘 교회는 찾아오는 성도들로 항상 북적댔다. 가만히 앉아있어도 찾아오는 사람들이 줄을 이었다. 바울도 교회를 인정받기 위해 예루살렘을 두 번이나 찾아갔다. 그때에는 예루살렘 교회가 온 교회의 중심이었지만, 하나님께서는 변화된 세상에 대처하지 못하는 교회, 복음을 왜곡시키는 교회, 복음 전파와 무관한 교회, 타락한 교회를 바라보고만 계시지 않는다. 예루살렘 교회의 몰락은 당연한 결과이다.

이와 반대로 안디옥 교회는 율법에 매이지 않았다. 그들은 늘 새로웠고 활기가 넘쳤다. 세상과 접촉하기를 마다하지 않았다. 유대인들에게 자유주의자라고 손가락질을 당했지만, 자유로운 접촉만이 복음 전파를 위하여 유익하다는 실천적 신앙관을 굽히지 않았다. 안디옥 교인들은 결코 숨어있지 않았고, 자신들은 그리스도를 위해 사는 사람들이라고 세상에 당당하게 알리고자 했다. 모범적이고 헌신적인 삶을 세상에 보여줌으로 그들은 그리스도인이라는 이름을 얻을 수 있었다.

안디옥 교회는 지역적으로도 중심이 아니었다. 고린도 교회는 로마로 가는 큰 길목에 있었지만, 안디옥 교회는 고린도로 가는 작은 길목에 있었다. 그러나 모든 교회들은 자기 지역에서는 중심이었지만, 큰 역사의 흐름 속에서 보면 정거장에 불과하다. 안디옥 교회는 후일 여러 차례 종교회의에서 이단으로 정죄 받아 교회의 역사에서 사라져버리지만, 변방의 교회로서 복음이 로마로 향하는 역할을 충분히 감당하였다. 안디옥 교회는 교회에 주어진 사명을 다 마치고 주후 4세기 초에 문을 닫았다.

오늘날 교회들 역시 예루살렘 교회와 안디옥 교회처럼 언젠가는 사라질 지역교회들이다. 복음을 전파하는 목적이 상실되었다면 굳이 피터지게 싸우면서, 탐심을 부리면서 지켜내야 할 이유는 아무 것도 없다. 교회를 사유재산처럼 여기는 풍조가 개탄스러움을 넘어 범죄로 치닫고 있는 형국이 되었다. 교회는 물론 모든 것이 하나님의 것인데 하나님의 소유는 아무것도 없다. 교회당 건물은 물론 하나님의 헌금도 제 자식들의 것이 되었다. 억지와 편법과 불법이 판을 치고 있다. 그렇게 하면 정말 안 된다. 교회의 중심은 예수 그리스도다. S 교회도 아니고, M 교회도 아니고, 예루살렘 교회도 아니고, 안디옥 교회도 아니다.

한강에 흐르는 물은 매일 다르지만 강의 이름은 여전히 한강이듯, 예수 그리스도께서 피 흘려 이루신 영생의 복음은 예나 지금이나 동일한 복음이다. 강물은 흐르기 때문에 늘 새로운 물이다. 범죄자가 강단에서 설쳐대고 있고, 이를 묵과하고 따르는 무리들은 쭉정이가 분명하다. 모든 교회는 무너진다. 베드로가 수장이라 해도 무너진다. 예루살렘 교회는 예수님이 십자가에 달린지 불과 삼십여년 만에 문을 닫고 흔적조차 없다.

앞선 자가 행한 행위를 이어가는 곳이 교회가 아니다. 타락한 목회자가 그대로 서 있는 곳이 교회가 아니다. 범법을 행한 목회자를 묵과하고 익숙한 환경과 습성을 유지해나가는 곳이 교회가 아니다. 교회는 하나님의 선한 목적을 상실할 때 무너지고, 전통이라는 미명을 내어버릴 때, 익숙함과 습관적인 행위를 벗어날 때, 정의를 위한 개혁을 실천할 때 세워진다.

교회는 인간이 혼합시킨 복음 의식이 진행되는 곳이 아니다. 저들끼리 익숙한 환경과 고장관념으로 합일된 마음을 표출하는 곳이 아니다. 그리스도께서 주신 영생의 길을 전파하는 곳이다. 죽음으로부터의 해방과 영생의 기쁨으로 솟아오르는 자유를 전파하는 곳이다. 그리스도께서는 점진적이고 파격적인 개혁을 실천하시면서 영생의 길을 전파하셨다.

교회는 새로운 것을 수용하고 발휘하면서 복음 전파 사명을 감당하는 곳이다. 교회는 사람이 있는 한 무너지는 것을 전제로 사용하시는 하나님의 역사 안에서 존립된다. 교회는, 그리스도의 뜻이 살아 있을 때만 교회이다.

쉼, 정담 그리고 돌아봄

우리들은 언제나 쉼을 기대한다. 의식주 해결을 위해 마음에도 없는 환경을 수용하고 있는 활동에서부터, 생명 가진 자의 존립 가치를 특정한 그 무엇에 두고 이를 위하여 침잠하거나 때로는 호전적인 활동으로 살아간다. 그리고 쉼을 갈망한다.

우리들이 살아가는 하루는 잠에서 깬 시간과 잠든 시간의 조합이다. 하루 안에 잠이라는 쉼이 있기에 새로운 하루를 다시 시작할 수 있다. 그러므로 인생은 쉼과의 조화를 어떻게 이룰 것인가에 대한 기대감으로 유지된다. 우리들에게 쉼은 활동의 보상이 아니라 쉼을 위하여 기꺼이 활동을 수행하는 것이다.

그리고 우리들의 활동은 끊임없는 대화 속에서 진행된다. 대화 없이는 사회의 일원으로서 역할을 수행할 수 없다. 우리들의 사회는 대화와 소통을 통해 조화로우며 보편적 가치들을 실천한다. 눈을 뜨면 가장 가까운 사람과의 대화로부터 하루가 전개 된다. 대화는 곧 사회이며 마음을 움직이게 하는 동력이다. 그래서 대화는 개인과 가정, 사회와 국가를 형성하는 범우주적 기능이다.

우리들은 대화를 통해 사랑하고 헌신하며 선한 목적들을 실천하고 조율한다. 그러나 대화는 선한 가치만을 수용하지 않는다. 대화는 마치 물과 같아서 어떤 그릇에 담느냐에 따라서 극한의 악재적 기능으로 사용되기도 한다.

휴가철이다.
사랑하는 사람들과 역동적인 피서를 계획하거나 자신만을 위한 특별하고도 고요한 칩거의 쉼이 주어지는 시간이다. 어떠한 형태의 쉼이건 한번쯤 밤하늘을 우러르며 우리들은 어떤 대화 속에 살아가고 있는가에 대한 돌아봄의 시간을 가질 수 있다.

대화는 주관적인 생각, 일방적 사고를 관철시키는 수단이 아니다. 대화는 상대방과의 어울림이다. 대화는 마음 깊은 자리까지 파고드는 감동일 수도 있으나 불편한 심기를 참아야 하는 암울한 인내를 발휘해야 하는 고통을 수반할 때도 적지 않다.

우리들은 다양한 만남을 통해 대화를 한다. 그러나 대부분 의식주 이야기의 틀을 벗어나지 못하는, 식상한 대화에 익숙하다. 주변 사람들의 성공담을 주제로, 소유와 소유의 과정을 무용담처럼 고루하고 따분하게 쏟아내기 일쑤이다.

누가, 어떻게, 무엇을, 많이 소유했다는 이야기는 이제 더 이상 부러움의 대상이 아니다. 교육의 힘으로 인하여 인생길이 지극히 짧음을 인지하고 살아가는, 지성의 사회에서 소유의 가치는 특별한 이야기가 될 수 없다. 빈털터리로 가야 하는 죽음 길을 우리들은 다 알고 있기 때문이다.

우리들은 정담을 원한다. 가슴 뭉클한 감동을 불러일으키는 정담에서부터 화로 불에 손을 녹이던, 사랑방에서 허허실실 웃어넘기던 정담을 그리워한다. 복잡하고 획일적인 일상에서 벗어나 서로에게 따뜻한 차 한 잔 같은 정담을 나누기를 원한다. 갈등과 대립 없던 동심을 찾아내기를 원한다. 가슴시린 이야기 한번 없던 그날의 순수를 발견하기를 원한다. 부요한 자들의 호화로운 여행보다 기꺼이 이런 상황에서도, 저런 환경에서도 쉼을 가졌다는 이야기를 듣고 싶어 한다. 그래서 정담은 철저히 쉼의 이야기이다.

우리들은 쉼을 통하여 정담을 나누며 인생길을 걸어간다. 인생길 걷다보면 쉼과 더불어 돌아봄의 시간이 절실히 요구된다. 돌아봄을 통해 유한한 인생길 어디쯤 걸어가고 있는가를 깨닫게 된다.

돌아보니 아픔이고 후회이면 앞을 보고 더 걸어가면 된다. 굳이 아픔이고 후회스러운 과거를 돌아볼 이유는 없다. 돌아보아야 상처이고 갈등이고 좌절이면 앞을 보고 분연히 일어나 계속 걸어가면 그만이다. 앞을 보고 걷다 보면 다시 돌아볼 시간이 도래한다. 다시 돌아볼 때 지난날이 추억이고 환희이면 지금 우리들은 인생길을 잘 걸어가고 있는 것이다.

인생은 쉼, 정담 그리고 돌아봄의 조화이다.
쉼을 통하여 정담을 나누고 밤하늘의 별을 보며 돌아봄의 시간을 마음에 담는, 조화로운 휴가 시간이기를 기대한다.

비 오는 날의 연가

비가 내릴 모양이다.

해가 없는 하늘은 종일토록 끈적거리는 한숨을 내쉰다.

후덥지근하다.

귀밑머리가 희어지면서부터 비를 기다리는 마음이 너그러워졌다. 비가 오면 그윽한 생각에 잠기게 된다. 마음이 착 가라앉는다. 먼 기억들이 소록소록 떠오른다. 아스라이 지난날들의 애가가 마음을 파고든다.

비는 박장대소할 추억을 꺼내들 때도 부산스럽거나 호들갑을 떨

지 않는다. 미소 한 결로 넘기는 책장처럼 지나간다. 슬픈 기억, 아
픈 상처를 안고 다가와도 대성통곡하지 않는다. 소리 없이 눈물
한 결을 뺨에 내려놓고 사라진다. 그래서 비는 씻음이다.

씻기는 것들은 모두 아련한 추억들이다.
인생은 추억을 위한 존립이다. 지금 추억에 잠긴 애잔함 또한 이
미 지나간 추억이다. 비가 오면 마음이 풍요로운 것은, 기억들의
창고에 깨끗하게 씻긴 추억들이 쌓이기 때문이다.

비가 오면 저수지에 물이 고인다.
땅속에서 솟는 샘도 내뿜는 힘이 강해진다. 초록들이 무성한 신록
을 이룬다. 농부들이 뿌린 씨앗을 자라게 한다. 비는 생명 유지와
직결된 물이다. 인체의 70%가 수분이라니, 그래서 비를 만나면 동
질감을 느끼게 되는 회귀 본능으로 반가운 마음이 드는가 보다.

비는 새로운 풍정을 선사한다.
비가 오면 보이지 않던 것들이 보이고, 들리지 않던 것들이 들리
고, 멀리 두었던 소중한 것들을 기억해낼 수 있어서 외롭지 않다.
무엇보다도 평상시에 느껴볼 수 없었던 영감(靈感)을 제공해 주기
때문에 풍성하다. 그래서 비는 희열이다.

언제부터인지 비가 오면 눈을 감는 시간이 길어진다.
삶에 대한 회의가 아니라 삶을 만끽하는 고수의 품새를 흉내 내

고 있다는 느낌이다. 어쩌면 풍진의 세상에 더 봐야 할 것도 바랄 것도 없는 초월심이 작동하는가 싶다. 혹은 어차피 소멸될 육신의 인고와의 작별을 연습하고 있는지도 모른다.

더러는 갈등과 반목의 기억들을 지우다가 결국은 삶의 전부를 지워야 할 연습을 한다는 생각이 든다. 그래서 비는 지우개다.

생존을 위한 요소 중 기억보다 소중한 가치는 망각이다.
인생은 기쁨과 희열을 동반해도 전반적으로 고행이다. 죽음을 수용해야 하기 때문이다. 그래서 우리들은 기억해야 할 것보다 잊어야만 생명을 유지할 수 있는가 보다. 누구나 예외 없이 일정 부분 고난의 여정이다. 삶은 지나온 발자국을 지우면서 앞으로 걸어야 하는 이중주의 연주와 같다.

그러나 삶의 발자취는 대부분 낙서된 종이처럼 대충 구겨 버리면 안 될 소중한 기억들이다. 한순간까지도 의미 있게 봉인되어야 할 조각들이다. 생명이 다하는 그 날까지 절대로 잊어서는 안 될, 영생의 생명 줄도 기억 안에 저장되어 있기 때문이다.

그리스도 예수께서 영생의 은혜를 주신 모든 과정은 기억 속에 음각되어 있다. 비는 기억해야 할 것과 망각해야 할 것을 정리해 주는 반려자이다. 비는 우리들에게 악한 상념을 잠재우고 선한 가치들을 일깨워 준다.

비에게도 천둥, 번개, 먹구름, 안개 같은 여러 명의 친구들이 있다. 그 중 가장 어여쁜 친구는 안개처럼 위장된 얼굴로 나타나는 운우(雲雨)이다. 비가 아닌듯한 비와 구름이 아닌듯한 구름이 만나 안개를 내뿜으며 만나는 희붐한 풍정이 운우의 그윽한 자태이다.

운우는 인생들의 허물을 덮어 주는 관용을 품고 사는 나그네이다. 운우를 만나면 허물과 치부가 드러나지 않아서 좋다. 사람 또한 단점을 지적하고 흉을 보는 사람보다 허물과 약한 부분을 가려 주는 운우 같은 사람이 좋다.

비가 오면 날개 달린 생명들은 날갯짓을 멈춘다.
날개 젖는 것을 핑계로 쉼을 가질 수 있어 좋다. 낮잠을 자도, 게으름을 피워도, 핑계 댈 수 있는 이유를 제공해 준다. 서글픈 눈물을 안아 주고, 고난의 인생살이 진한 땀내음도 부둥켜 준다. 그래서 비는 차별 없는 친구이다.

소리 없이 밤을 흐느끼는 비, 한바탕 우레와 어울려 한풀이를 해 대는 비, 소낙비, 이슬비, 가랑비, 장대비, 이른 비, 늦은 비를 때를 따라 조화롭게 내리시는 비의 주인은 범접하지 못할 독보적인 경지의 예술가이다.

비 오는 날, 우리들은 안도의 숨을 쉰다.
비의 주인께서 다시는 비를 심판의 도구로 쓰지 않겠다는 약속을 하셨기 때문이다. 비의 주인은 오직 우리들이 성결해지기만을 바란다. 비 온 뒤의 청명한 하늘처럼, 인생들의 마음이 정결하게 씻기기를 바라는 한마음이다.

그러나 안타깝게도 우리들은 우울한 우요일(憂曜日)을 살고 있다. 목회자들은 재물을 축적하려는 탐심의 늪에 빠져 허우적거리고 있고, 평신도들은 헌신 없는 신앙 형식에 길들여져 방황하고 있다. 신명나는 세상놀이에, 세상 가치관에 흠씬 젖어 있다. 노아가 방주에 들어가던 당일 날까지, 하나님의 심판 날까지도 불신자를 구별하지 않고 시집가고 장가들었던 무지몽매한 영혼의 무감각이 지금 똑같은 타락으로 재현되고 있다.

눈을 감고 비 오는 소리를 들으면 신음소리 같은 탄식이 들린다.
문득 섬뜩한 기운에 심령이 오그라든다.
어느 누구도 막을 수 없는 심판의 날, 겉옷도 걸치지 말고 도망하라는 위급한 그 날, 어린아이와 아이 밴 여자에게 화가 있을 그 날, 재물에 빠진 목회자들과 영생 얻은 기쁨을 소중하게 간직하지 못한 무리들의 주검의 그 날, 그리스도 예수의 재림의 날이 임박했음을 알리는 장탄식이 들린다.

비가 내린다. 먼지 가득한 세상이 씻긴다.
땅은 두 팔을 벌려 비를 한껏 끌어안고, 나뭇잎들은 재잘대며 저마다 들고 온 그릇에 비를 담는다. 청명의 산은 높고, 배불러 흐르는 강은 깊다.

시인은 비를 예찬하고, 우리들은 비의 주인을 찬미한다.

오늘은 우산 없이 걷고 싶다.

비에 섞인 하나님의 눈물을 꼭 만지고 싶다.

어느 여 목사의 겨울나기

눈발이 흩날리던 그 해 겨울, 우수한 수능 성적을 놓고 입시 담당 선생과 부모는 입술이 마르도록 여학생을 설득했다. 학교의 명예를 위해, 가정의 기쁨을 위해, 여학생은 반드시 일류 대학에 진학해야만 했다.

그러나 오전 시간을 거의 다 허비하도록 여학생의 의지를 꺾지는 못했다. 진학 상담을 위해 순서를 기다리던 학부모들과 동료 학생들을 더 이상 기다리게 할 수 없었던 선생과 부모는, 결국 여학생의 단호한 의지 앞에 고개를 내저었다.

신학대학교의 장학생이 된 여학생은, 하나님과의 깊은 소통을 기쁨으로 여기며 목회자의 꿈을 향해 아름다운 여로를 시작했다. 찬양 전도, 의료 봉사, 단기 해외선교 등 여러 가지 헌신을 경험하며, 신학대학 동기들과의 우정을 공고히 하며 사역자의 기쁨을 한껏 누리면서 신학대학원까지 학업을 이어갔다.

호사다마(好事多魔)라던가.
신학대학원 졸업을 앞두고 아버지의 갑작스러운 사업 실패로, 집안은 하루아침에 거리로 나앉을 처지가 되었다. 자동차 부품 제조업을 하던 아버지는, 회사 공금을 횡령하고 도주한 경리 직원 때문에 회사가 발행한 어음과 당좌수표를 결제하지 못했다. 아버지는 교도소에 수감되었다.

다행히 여기저기서 돈을 빌려 당좌수표를 회수한 어머니의 노력으로, 여학생의 아버지는 두 달 만에 출소할 수 있었다. 아버지는 공금을 횡령하고 도주한 경리 직원을 찾기 위해 전국을 돌아다녔다. 경리 직원이 해외로 도주했다는 풍문을 듣고부터, 아버지는 안주 없는 술로 시간을 보냈다. 노점을 꾸린 어머니에게 인고의 시간은 첩첩산중이었다.

도피하고 싶었다. 어디든지 가야만 했다. 하루아침에 빈곤층으로 전락해 버린 낯선 환경에서 벗어나고 싶은 마음은, 해외선교 사역을 선택한 선배를 따를 명분으로 충분했다. 제법 규모가 큰 교회에서 시무하던 교육전도사직을 후임에게 맡기고, 여전도사는 성경에 손을 얹고 선배와 조촐한 결혼식을 올렸다.

미용 기술과 기초적인 의료 지식을 습득한 신혼부부는, 가난과 우상 숭배로 찌든 나라, 캄보디아로 떠났다. 소독약이 없어 결국 다리를 잘라야 하는 미개하고 우둔한 가난과 어깨동무하면서, 말라리아와 식중독으로 사경을 헤매면서 정착한 선교지에서 여전도사는 홀로 남겨졌다.

호수의 물위에 원두막처럼 얼기설기 엮은 판잣집에서, 아랫배를 움켜쥐고 나뒹굴던 아이를 병원으로 후송하기 위해 새벽녘에 이불을 박차고 나간 남편은 사흘 만에 아이와 함께 익사체가 되어 돌아왔다.

햇볕 쨍쨍한 그날, 얄궂은 하늘이 미치도록 원망스러웠다. 아버지의 알코올 중독과 지인들의 험담이 바람결에 들려 왔다. 대학 진학과 결혼, 선교 국가 선택까지 목소리가 상하도록 반대했던 부모와 지인들이 '그럴 줄 알았다'고 저마다 돌팔매질을 해댔다. 아무려면 어떠하랴. 호사하겠다고 찾은 캄보디아가 아니었는데, 아무려면 어떠하랴.

남편을 화장(火葬)한 그날 저녁에도 아이들은 과자 부스러기를 얻어먹기 위해 교회 마당을 서성거렸다. 귀국을 종용하는 어머니의 편지는 쌓여갔지만, 교회에서 진행되고 있는 야학을 멈출 수는 없었다. 8만 원을 벌기 위해 이른 새벽부터 늦은 저녁까지 생산직 일을 마치고 목회자의 꿈을 이루고자 하는 그들을 외면할 수는 없었다. 비록 두 명 뿐이었지만.

어느새 여전도사는 남루한 캄보디아인이 되어 갔다. 더 이상 교회와 야학을 지속하기 힘든 상황이 도래할 무렵, W교단에서 캄보디아 신학생들에게 숙식은 물론 약간의 생활비까지 지원하며 초청하겠다는 소식을 알려 왔다.

자동차로 두 시간 거리에 있는 선교사에게 아이들을 보살펴 달라는 청원을 간곡히 하고, 여인은 귀국길에 올랐다. 공항에서 만난 어머니는 넋을 놓고 통곡했다. 그날따라 여전도사의 머리칼은 유난히 흩어져 있었다. 7년 만에 돌아온 고향이었다.

그러나 아늑하다고 느껴야 할 부모의 집이 낯설고 평안하지 않았다. 아버지를 알코올 치료 병원에 입원시킬 여유가 없는 어머니는, 어느새 노인이 되어 있었다. 아버지의 출소를 위해 빌린 돈 때문에 어지간히 시달렸으리라. 며칠을 낯선 법원 서류와 씨름한 끝에, 부모는 파산 선고를 받았다.

벌써부터 캄보디아가 그립다. 아련한 숲 냄새가 다가온다. 도피처로 선택한 나라 캄보디아는 어느새 여전도사의 나라가 되어 있었다. 다행히 캄보디아에서 온 청년들은 신학대학교에 잘 적응했다.

그들은 반드시 참된 목회자가 되어 캄보디아 복음화를 위해 크게 쓰임을 받아야 한다. 그들은 남편의 하늘 상급이 분명하니까.

북새통을 이룬 연말연시를 지날 무렵, 유년부에서부터 여전도사에게 하나님의 사랑을 가르친 원로목사는 재혼을 권면했다. 암으로 아내와 사별한 지 사 년이 넘었다는 상대는, 오디오 전문점을 운영하고 있는 건실한 안수집사라고 했다. 하나 있는 아들은 열두 살인데 착하다고 덧붙였다.

여전도사는 목사 안수를 받았다. 원로목사가 주례를 자청했다. 더이상 아이는 낳지 말자고, 전기 기술이 있으면 캄보디아를 살릴 수 있다고, 다양한 미래를 상의하면서 여 목사는 성경책에 다시 손을 올렸다. 재혼한 남편은 이듬해 오디오 사업을 정리했다. 아들은 중국의 외국어 학교에 입학시켰다. 캄보디아에 제법 번듯한 콘크리트 건물을 마련했다. 고마웠다.

소독약, 소화제, 해열제 등등 기초 의약품도 제법 넉넉히 마련되었다. 아이들에게 영어 성경을 가르치며 남녀노소 가리지 않고 미용 봉사를 했다. 남편은 각종 전기 제품을 고쳐 주고, 오지에 전기를 공급하는 작은 관급 공사를 입찰 받으며 제법 비싼 아들의 유학비를 뒷받침했다.

삼년 만에 현지인 아홉 명을 한국 신학대학원에 입학시켰다. 캄보디아 언어로 우스갯소리까지 알아들을 수 있을 무렵, 남편은 실성한 사람이 되어 집으로 들어섰다. 아들이 중국에서 교통사고로 사망했다는 비보를 넋두리처럼 내뱉었다.

중국으로 간 남편은 일주일이 지나도록 돌아오지 않았다. 더 이상 앉아서 기다릴 수는 없었다. 아들이 다니던 학교를 찾아갔다. 남편은 아들을 살려내지 못한 의사를 폭행한 혐의로 중국 교도소에 수감되어 있었다.

명년이면 어느새 육십이다. 남편은 출소를 했는데 소식이 없다. 아들을 잃어버린 나라에서 무엇을 하고 있을까. 공금을 횡령한 경리 직원을 찾아 나섰던 아버지처럼, 미친 듯이 남편을 찾아다녔지만 그를 본 사람은 아무도 없었다.

시작이 있으면 끝이 있는 것이 창조하신 이의 섭리가 아닐런가. 캄보디아 교회와 야학은 후임 선교사가 잘 이끌어간다. 그러면 됐다. 여 목사는 영구 귀국길에 올랐다. 아버지의 주검 앞에서 눈물 대신 쓴웃음이 흐른다.

본향이 그립다. 천국이 한없이 그립고도 그립다. 세상에 무슨 허영이나 미련이 있으랴. 오늘이라도 하늘 길이 열렸으면 좋겠다. 눈이 내린다. 옥탑 방 외풍이 코끝을 헤집는다. 어머니가 새우처럼 누워 떤다. 억대의 교회 헌금을 횡령한 혐의로 실형을 선고받은 유명 목사가 TV 뉴스의 헤드라인이다. 여 목사는 오늘도 노방 전도를 위해 움츠러든 몸을 일으킨다.

사랑하는 온 가족이 영원히 함께 살 수 있는 길이 있습니다!
예수 그리스도께서 영생의 길을 열어 주셨습니다!

광장에 함박눈이 쌓인다.

두 번째 선악과

첫 번째 선악과를 따먹은 대가가 인류의 죽음임을 모르는 성도들은 아무도 없다. 하나님의 말씀을 불순종한 인간은 눈이 밝아져 스스로 하나님이 되기 위한 시도로 죽음을 초래했다. 하나님을 떠난 결과는 치명적인 죽음이다. 하나님을 떠난 인간은 두려움으로 하나님을 낯을 피해 숨었으며, 유리하고 방황하는 자가 되어 육신의 소멸과 동시에 닥치는 불지옥의 영멸을 소유하게 되었다.

그러나 한량없는 은혜의 하나님께서,

"너희가 십자가에 못 박은 예수를 주와 그리스도가 되게 하심" 으로,

하나님 떠난 원죄 문제를 해결해 주시고 허물로 죽었던 인류를 구원하셨다.

그러나 지금 한국교회는 두 번째 선악과를 따 먹은 모습이다. 인간이 하나님을 배신하고 떠났던 첫 번째 선악과 사건의 이면에는 하나님을 대적하는 사탄의 궤계가 숨어 있었다. 끊임없이 하나님과 인간을 분리·이간·획책하는 사탄의 전략은, 인간으로 하여금 두 번째 선악과를 따먹음으로 또 다시 하나님을 떠나게 만드는 궤계를 부리고 있다.

두 번째 선악과는 과연 무엇일까?

그리스도 권세를 희미하게 만들거나 아예 사용하지 못하게 만드는 궤계이다. 그리스도는 만세와 만대로부터 감추었던 것인데, 이제 그의 성도들에게 나타난바 되신 권세이다. 죽음의 권세, 음부의 권세, 하나님을 대적한 권세를 물리친 권세이다.

하나님의 사랑으로부터 인간을 분리시킨 사탄은 그리스도 권세 앞에 무너진 어두움이다. 그리스도의 권세는 죽음을 무용지물로 만든 절대자의 권세이다. 죽음의 세력은 그리스도 권세 앞에 풍전등화처럼 무너졌다.

그러나 사탄은 그리스도 권세를 모르게 하는 궤계로, 인간으로 하여금 두 번째 선악과를 따 먹도록 유도하고 있다. 사탄은 자신이 가야 할 불지옥의 인질로 삼기 위하여, 하나님과 인간을 분리시키기 위한 궤계를 멈추지 않고, 두 번째 선악과를 문명의 이기 속에 깔아놓았다.

'예수' 와 '그리스도' 를 분리시킴으로 죽음을 이기신, 그리스도 권세가 없는 인간 예수만을 남겨놓는 전략을 사용하여 한국교회의 영적 어두움을 조장하였다.

일부 목회자들은, '예수' 와 '예수 그리스도' 이름을 동일시하고 있다. '예수' 라는 이름은 많은 사람들의 이름 중 하나이다. 그러나 누구도 소유할 수 없는 창조의 권능이요, 죽음을 이길 수 있는 권세인 그리스도는 '하나님의 아들 예수' 만이 소유할 수 있는 권세이다.

어느 누구도 피조물들은 '그리스도' 가 될 수 없다.
고린도후서 4장 4절 말씀은, 두 번째 선악과를 따먹은 인간들의 현재 상태를 상기시키기에 충분하다.

"…이 세상 신이 믿지 아니한 자의 마음을 혼미케 하여 그리스도의 영광의 복음의 광채가 비취지 못하게 함이니 그리스도는 하나님의 형상이라"

성도들은 영혼의 구원을 얻은 하나님의 자녀들이다. 곧 하나님 형상인 그리스도가 회복된 영혼들이다. 영(靈)이신 하나님의 형상이 회복된 상태가 구원을 은혜로 받은 증거이고, 하나님의 형상은 그리스도라고 분명히 말씀하시고 계신 증거 앞에 그리스도 권세만을 뚝 떼어낸다면, 구원 받은 성도들일지라도 힘없는 종교인으로 전락하게 된다.

하나님과 인간을 다시 한 번 분리시킬 수 있다는 것이, 두 번째 선악과를 따 먹게 만드는 사탄의 전략이다.

사탄의 궤계는 오래 전부터 목회자들을 먼저 겨냥해 왔다. 우상숭배 수준의 물질 축적의 선악과, 음란의 선악과, 권위의 선악과, 교만의 선악과, 파벌의 선악과 명예의 선악과들을 보기도 좋고 먹음직도 하게 영글어 놓고, 목회자 스스로 하나님의 자리를 차지하고, 그리스도 권세를 멸시하게 만들어 각종 선악과를 실컷 따 먹도록 유혹하고 있다.

많은 목회자들이 배가 터지도록 다양한 종류의 선악과를 따먹었다. 등 따습고 배부르니 찾아오는 졸음 앞에서, 겨우 실눈을 뜨고 바라보는 그리스도는 희미하게 보일 수밖에 없다. 그리스도가 희미해지고 사라진 자리에 세상 물질관과 세상 가치관을 여과 없이 수용하면서, 때마다, 날마다, 시(時)마다 타락일로를 걷고 있다.

죄를 짓고도 죄를 모르는 상태, 죄가 관영한 상태 속에서 비대해진 죄의 몸통에 붙어먹고 사는 기생충들이 너무 많아, 죄의 그림자는 검은 발걸음을 멈추지 않고 있다. 호랑이 없는 산에서 멧돼지가 왕이라고, 토끼가 왕이라고, 다람쥐가 왕이라고 요란법석 난리들이다.

첫 번째 선악과와 두 번째 선악과의 공통점은, 스스로 하나님이 되려는 시도이다. 자신의 이름을 남기려는 목회자들, 자신의 업적을 남기려는 목회자들, 하나님의 헌금을 제멋대로 사용하고 있는 목회자들, 교회의 비전을 핑계로 부동산 투기를 하고 있는 목회자들, 음란과 시기 질투 속에 허덕이는 목회자들, 교회당을 유산 상속의 물건으로 생각하고 있는 목회자들 모두가 두 번째 선악과를 따먹은, 영멸을 보장받은 영혼들이다.

한국 교계의 영적 어두움은 두 번째 선악과를 따먹은, 그리스도가 희미해진 결과들이다. 성경은 온통 그리스도에 대한 증거들이다. 구약 성경은 그리스도가 오신다는 언약의 말씀이며, 신약 성경은 언약대로 그리스도께서 이 땅에 오심을 확증한 기록들이다.

그러나 수많은 목회자들의 설교 속에 '예수'는 등장하지만, 그리스도는 선포되지 않고 있다. 심지어 '예수' 이름으로 기도하고 있는 목회자들은 많으나, '예수 그리스도' 이름으로 기도하는 것과의 차이조차 깨닫지 못하고 있다.

말씀의 하나님이시다. 말씀으로 우주 만물을 창조하신 하나님이시다. 로고스의 하나님 앞에서, '예수'와 '예수 그리스도'는 비교할 수 없는 차이다. 그리스도 회복만이 하나님과 동행할 수 있는 유일한 탈출구이며, 육신의 소욕을 내려놓을 수 있는 대안이다.

많은 총회들이 규정하고 있는 헌법에도 예수 그리스도 이름으로 기도하라고 명시해 놓고도 그리스도를 떼어내고 기도한다. 4장으로 구성된 골로새서의 짧은 기록에도, '그리스도'를 이십여 차례나 선포하고 있음은 그리스도가 아니면 복음을 논증할 수 없다는 증거이다.

그리스도는 모든 것이다. 허물과 죄로 죽은 첫 번째 선악과를 따 먹은 인류를 살려놓으신 권세이다.

지금 인간은 두 번째 선악과를 먼저 따 먹기 위한 아귀다툼으로 영혼이 혼미한 상태이다. 이미 선악과를 따 먹은 자는 더 먹으려 아우성이고, 아직 맛을 못 본 자는 죽을망정 한번 먹어보고 싶어 몸부림치고 있는 모습이다.

사탄은 질서를 지키라고 희희낙락하고 있다.
"여러분, 과실은 실컷 따먹어도 모자람이 없으니 아무 걱정일랑 마십시요" 소리치고 있다.

두 번째 선악과는, 물질 축적의 선악과, 권위와 명예의 선악과, 이기적인 안락과 평안의 선악과, 유산 상속의 선악과, 멸망을 대물림하는 선악과까지 다양한 색깔의 열매를 주렁주렁 매단 채 교태의 몸짓으로 유혹하고 있다.

하나님의 진노는 안중에도 없는 마음 - 이미 두 번째 선악과를 따 먹고 만취된 비틀거림이다.

달 길 따라

꽃망울이 열리고 숲이 우거지기를 갈망하던 시간 속에서도 달은 기울기를 멈추지 않았고 이내 잔뜩 부풀어 오른 넉넉함으로 가을 바람의 세상을 비추고 있다.

한번만 더 눈썹 모양을 하고 둥글어지면 중추절이다.
다가올 중추절에 때를 맞추어 오붓한 결실을 맺으려 한껏 볕을 머금고 있는 들판의 벼이삭이 어느 새 황금색 채색을 마무리하기 위해 온몸으로 해바라기를 하고 있다.

때마침 엉덩이가 근질거리는 여로 본능이 꿈틀거릴 때 지방의 세미나에 참석할 일이 생겼다. 일정보다 하루 일찍 출발하여 오롯이 혼자 산행을 계획하고 집을 나섰다.

열차가 규칙적인 운율로 정렬되면서 많은 생각이 좌우 분별없이 다가온다.

잠시 동안 많은 생각이 뇌리를 스친다.

빨래는 볕에 마르는 게 아녀. 바람이 불어야 혀.

살아생전 외할머니의 모습이 차창에 나앉는다.

대학 입시 재수를 하면서 한 해 농사를 거든답시고 동거동락(同居同樂)했던 외할머니는 항상 음력을 사용하면서 절기에 맞추어 농사를 지었다.

햇볕 좋은 날 시골 교회 목사의 영접기도를 따라 고백하고 숨을 거둔 외할머니는, 십 오년 만에 묘지를 이장했는데 이미 머리카락 조금과 정강이뼈 일부만 부서진 채 흙으로 화해 있었다.

참으로 무상한 세월이다. 외할머니의 이장(移葬)을 주도한 외삼촌도 작년에 소천 했다. 의식불명 상태에서 한 달여 동안 무균 병실에서 찬송가만 듣다가 숨을 거두었다.

농경 사회 때처럼 절기를 선택할 수 없는 현대인들의 사회생활 속에는 수많은 갈등과 타협, 지혜로운 판단과 조화를 요구하는 상황

들이 연결되어 있다. 그 중 가장 큰 격변은 생명의 탄생과 소멸의
공존이다.

바쁜 사람들 모처럼 쉬는 날인데 밥 한 끼 먹자고 모이게 할 필요
없다.

환갑, 칠순까지 집안잔치를 모두 거부하신 동갑나기 부모님은 올
해 중추절 즈음 팔순이다. 팔순을 기념해서 외국 여행을 계획하려
는 여동생들의 의견을 일거에 거부하셨다. 국내 온천 여행이나 하
시겠다는 부모님의 팔순 여행지를 어디로 정해야 할지 고민스럽
다.

군대는 해병대로 가야지요, 할아버지.

사내 녀석들만 여덟 명인 손자들의 기세가 등등해지면서, 해병대,
ROTC, 육군, 카추샤, 전투 경찰, 공익 근무 등으로 흩어져 있는
조카 녀석들의 다양한 군복이 다가선다.

대견스럽다.
어느 새 장성한 코흘리개 녀석들 덕분에 두 다리 뻗고 편한 잠을
자고 있다는 생각에 피식 웃음이 새오나온다.

살고 싶지 않아요.

자살한 사람도 천국을 간다면 당장이라도 죽고 싶다는 성도들을 상담하면서 가슴이 아프다. 경제적인 고난, 질병의 고난, 사람과의 갈등, 우울증, 고립감 등으로 상담을 원하던 성도들의 고단한 모습이 애처롭게 머무른다.

성도들은 천국을 입성해야 합니다.
온갖 교활함과 욕망의 당위성으로 타락을 조장하는 사탄의 궤계를 막아내고 반드시 천국입성을 성취해야 합니다.
들풀까지도 먹이시고 기르시는 분이 어찌 자녀들의 인생을 모르는 체 하시겠습니까?
들어올 때가 있으면 반드시 나갈 때가 있습니다.
하나님께서는 인생 모두에게 시험을 당한 적이 없다고 말씀하십니다.
혹이나 감당하기 힘든 시련이 닥칠 경우에는 반드시 피할 길을 열어 주시겠다고 단언하십니다.
달 길을 따라 갑시다.
아무리 어두운 밤일지라도 달이 비추는 길이 있습니다.

이내 열차는 밤을 가르고 달린다.
한 치 앞을 예견할 수 없는 인생만사가 잠시 숨고르기를 한다.
열차가 긴 폭음을 토해놓는다.

열차가 달 길을 따라 달린다는 사실을 오늘에서야 처음 알았다.

나는 바리새인이다

자신을 바리새인이라고 말하는 그리스도인은 없다. 바리새인이라는 말을 들으면 기분 좋을 그리스도인 또한 없다. 예수 그리스도께서 바리새인들에게 일곱 번이나 '화 있을진저' 말씀하실 정도로 영생의 복음과 상관없는 무리들이기 때문이다.

그러나 바리새인들도 한때 참혹한 순교를 당하면서까지 지키고자 했던 믿음의 순전한 세월이 있었다. 거슬러 돌아보면 예루살렘이 불타고 성전이 파괴되어 바벨론에 포로가 된 상황에서도 하나님의 백성들은 저마다 하나님을 믿는 믿음의 절개를 지키고자 했다. 비록 성전은 무너졌으나 하나님의 음성마저 저버릴 수 없었던 그들은 무리를 이루어 하나님에 대한 믿음을 지키고자 모여들었다. 그러나 똑같은 경전(토라=모세오경)을 들고, 해석하는 차이와 포로 된 환경 속에서 믿음을 지키고자 하는 실천 의식에 따라 분파가 생겨나기 시작했다. 포로가 된 환경과 타락한 세상에서 하나님을 믿는 믿음을 더 이상 더럽힐 수 없다고 결단한 무리들은 광야로 칩거(에세네파)를 했으며, 정치 세력과 결탁하며 귀족들과 부요한 상인들을 중심으로 풍요를 쓸어안은 제사장들은 사두개파가 되었다. 가난하고 헐벗은 민중들은 관심의 대상이 아니었다.

하지만 바리새파는 민중들과 소통했다. 그들은 포로가 된 하나님의 백성들에게 꿈과 희망을 심어주었고, 이방인들과 구분된 삶의 모럴을 제시하며 기꺼이 민중들의 삶의 애환을 끌어안았다.

안식일을 거룩하게 지켜야 하는 이유를 가르쳤고, 하나님의 백성들이 토라에 기록되어 있지 않은 상황에 처할 때면 삶의 방향을 제시해주는 상담사의 역할을 기꺼이 수행했다. 포로가 된 이스라엘 백성들에게 바리새인들은 커다란 위안이었으며 삶의 이정표였다.

그러나 하나님의 백성들에게 구분된 삶의 지표를 일깨우고자 제정하기 시작한 규범들이 쌓여, 안식일을 지켜야 하는 규범들만 책한 권이 될 정도로 방대해지자, 이제 바리새인들의 가르침은 그 누구도 지킬 수 없는 규범이 되고 말았다.

지금 한국 교계는 수많은 교단들이 있다. 마치 포로가 된 하나님의 백성들이 믿음을 지키고자 행한 의식과 실천의 차이로 발생된 분파 형성 과정처럼 사분오열되어 있다.

그래서 순전한 복음 수호를 위해 연합회가 결성되었다. 그리고 연합회는 분열되었다. 한때 한국 교계를 대표했던 연합회는 이단 논쟁의 빌미를 제공하고, 대형교회의 지원이 끊어질까 두려운 물질에 사로잡혀 실형을 선고 받은 목사의 불법을 수수방관하고 있는 야합의 집단으로 전락하고 말았다.

분열된 연합회는 저들이 정의로운 세력이라며 공작새처럼 날개를 크게 펼치고 있다. 그러나 많은 총회들이 연합회를 탈퇴하고 있다. 연합회 무용론이 힘을 얻고 있는 상황이다.

존립 가치를 상실한 연합회는 더 이상 무리지어 있을 이유가 없다. 흩어져야 한다. 마치 죽음을 목전에 둔 거대한 괴물이 내지르는 괴성처럼, 교권의 집착만을 소리치고 있는 무리들은 흩어져야 흙탕물이 가라앉는다.

총회들의 연합회 탈퇴는 오히려 목사들에게 남은 한 가닥 정의 수호를 위한 성결의 선택이다.

예수 그리스도께서 바리새인들에게 '화 있을진저' 일곱 번을 거듭 말씀하신 것은 이천년 전 그들에게 말씀하시고 끝난 옛날이야기가 아니다. 지금 우리들에게 하시는 두렵고 참혹한 선고이다.

교회를 대물림하고, 사유재산화 하고, 수련원, 기도원을 빙자하여 부동산 투기 하고, 하나님의 헌금을 제멋대로 쓰고, 하나님 헌금을 횡령하여 실형을 선고 받은 목사를 징계하는 노회도, 총회도, 연합회도 없다.

다른 종교에도 구원이 있다는 WCC와 어깨동무를 하고 다녀도 여전히 목사직을 유지하고 있을 뿐만 아니라 삯꾼 목자임이 드러나도 여전히 그를 추앙하고 있으니 이와 같은 교회들이 어찌 예수 그리스도께서 머리 되시는 교회들이랴, 성도들이랴. 그저 신념이 같은 무리들의 집단일 뿐이다.

명의는 치료를 잘하는 의사를 일컫는다. 명의가 되려면 치료하기에 앞서 진단을 잘해야 한다. 곧 진단을 잘 하는 의사가 명의이다.

지금 우리들은 외식하는 자가 분명하다. 성도들에게 예수 그리스도의 영생을 말하면서 정작 자신들은 세상물질관, 세상가치관과 별반 구분 없이 살아가고 있는 삶의 모습은 바리새인들과 똑같다. 그래서 큰일 났다. 그리스도께서 내리는 형벌이 극명하기 때문이다. 등 따습고 배부른, 짧은 인생 안위를 끌어안은 죄의 대가가 참혹하기 때문이다.

나는 오늘 명의를 만났다. 명의가 정확한 진단을 한다. 가슴 속을 들여다본다. 드디어 진단 결과가 나왔다. 바리새인이다. 암 선고를 받은 환자보다 더 참혹한 최악의 진단 결과이다. 참혹하고 비통한 마음이다. 후회스럽다. 칼을 품고 예수 그리스도를 따랐던 '셀롯이라는 시몬(눅6:15)' 처럼 열심당이 못된 것이 사무치게 후회스럽다.

나는 바리새인이다.
예수 그리스도의 영생의 나라를 위하여 목숨을 바치라고 말하면서 무엇을 먹을까 무엇을 마실까 희희낙락하는 바리새인이다. 하나님의 나라 확장보다는 내 이름을 높이려고 부흥을 꿈꾸는 바리새인이다. 하나님께서 주신 물질을 하나님께 헌신하지 않고 자식 걱정 다반사에 믿음 잃은 자식에게 물려주려고 전전긍긍하고 있는 바리새인이다. 영생의 나라 보장 받고도 노후의 안락만을 쓸어안고 있는 전형적인 바리새인이다.

이제 어쩔 것인가. 오랜 치료가 불가피하다. 치료가 아주 불가능하지 않다는 명의의 말이 작은 희망의 불씨요 위안이다. 주변 사람들에게 진단을 받아보라고 권하고 싶다. 건강하다고 생각되더라도 건강할 때 건강을 지키라고, 혹시나 질병이 있다면 조기에 발견하여 치료를 받으라고 꼭 진단을 권하고 싶다.

병증이 깊으면 치료가 어렵다. 어쩌면 치료가 불가능하여 일곱 번을 '화 있을진저' 말씀하신 그리스도의 형벌을 끝내 면할 수 없는 영멸의 참혹함이 우리들의 내일이 될 수 있다. 명의는 그리스도이시고 치료약은 회개뿐이다.

골방

현대인들은 바쁘다.

눈을 뜨면 사람들과의 공존 속에 살아간다. 만남과 공존에 익숙하다. 가족, 학연, 동료들과의 만남과 공존에 능숙한 사람이 사회적으로 우월한 가치를 인정받는다.

그러나 사색의 시간에 대하여는 매우 인색하다.

자신과의 내면적 대화에는 익숙하지 못하다. 나 자신을 돌아볼 수 있는 시간을 여분으로 여긴다. 일상의 바쁜 시간을 사용한 후 남는 시간이 있다면 사색의 시간으로 활용해 보리라는, 막연한 거절에 익숙하다. 그런 의식으로는 사색의 시간을 가질 수 없다.

사색의 시간은 동적인 열정의 시간보다 더 크고 넓은 세계를 인정하고 관조할 수 있는, 참된 자화상을 세심하게 바라볼 수 있는 공간으로 초대한다. 외형적으로 표출된 모습은 진정한 자아가 아닐 수 있다.

그리스도 예수께서는 새벽 미명에 홀로 산을 오르셨다. 그리고 믿음의 성도들에게 골방에서 기도하기를 권면하신다.

복잡다변의 세상이다.
영혼의 가치가 상실된 지 오래된, 타락의 세상이다. 목회자들은 교회당을 대물림하는 것을 관행으로 여길 만큼 타락의 극치를 달리고 있다.

대교회 성전에는 헌금이 잔뜩 고여 있고, 고인 물이 썩는 논리와 같이 목회자들이 타락일로를 걸어 왔음이 만천하에 드러나고 있다. 목회자가 세상 범죄자가 된 상황에서도 성도들의 무지몽매함은 범죄 당사자를 옹호하는 세력으로 무리를 지어 정의를 막아서고 있다.

타락한 목회자가 이끄는 교회는 이미 영생의 복을 받은 교인들이 감사함으로 예배를 드리는 장소가 아니라, 불신자들에게까지 손가락질을 받는 혐오의 집단일 뿐이다. 그럼에도 불구하고 무슨 연유에서인지 교인들은 무감각하게 타락한 성전을 떠나지 않고 있다. 선한 목자들은 일꾼 한 사람을 기다리고 있는데 성도들은 여전히 대교회라는 허영적인 위상에 매달려 있다.

시위를 떠난 화살과 같이 빠른 나그네 인생길, 화장터 불꽃으로 소멸될 한 줌 육체의 몰골, 몇 날 지나면 피할 수 없는 하나님 앞에서, 혹시나 성경책 들고 지옥 불에 던져질 가라지의 인생은 아닌지 - 돌아볼 수 있는 거울은 골방에 걸려 있다.

골방은 집안의 끄트머리 구석이 아니다.
골방은 오대양 육대주를 집어넣고도 넉넉히 남는 공간이다. 성도들의 삶의 공간은 어디이건 골방일 수 있다. 골방은, 인생들이 벌거숭이로 울음을 터뜨리고 태어나서 병원 영안실 냉동고의 싸늘한 시체로 보관되기 이전에, 천만다행으로 얻은 은혜의 영생에 대한 인식으로 찾을 수 있는 곳이다.

영생은, 세상 모든 것을 다 가진 것과 비교할 수 없는, 인생들이 가질 수 있는 것 중에 가장 크고 소중한 것을 소유하게 된 축복이다. 그래서 영생 얻은 성도들은 무소유의 가치관이 형성되고 비움과 나눔을 실천하며, 빈곤함과 불편한 모든 환경을 긍정의 힘으로 이겨낼 수 있다. 육체의 시간은 지극히 짧은 여정이고 영생의 시간은 무한대의 평안을 보장하기 때문이다.

그럼에도 불구하고 물질에 대한 소유욕과 자식들에게 물질을 상속하고 싶은 탐심이 육신의 안락을 지배하고 있다면 불신자와 다를 바 없다. 혹시 신앙생활에 익숙해진 착란으로 스스로에게 부여한 자위적 영생은 아닌지 심각하게 의구심을 품어 보아야 한다. 골방에서 말이다.

골방은 삶의 모퉁이, 홀로 걷는 골목길일 수 있다. 홀로 떠난 산야의 벌판이나 수평선을 바라보는 해안일 수 있다. 홀로 영생의 깊음을 사색할 때 골방은 형성된다.

골방은, 진실한 나를 볼 수 있는 무한한 시간이고 공간이다. 성도는 홀로일 때 성숙해진다. 홀로일 때 비로소 함께 계신 하나님의 음성이 들리기 때문이다. 그래서 성도들은 삶의 시간을 활용하기 이전에 먼저 골방을 찾아야 한다.

진정한 회개, 흩어짐의 결단, 개척교회를 돕는 사역, 영생 얻은 기쁨과 은혜에 다가갈 수 있는 감사의 회복까지, 모두 골방에서 홀로 영혼의 귀를 열을때 들을 수 있는 음성이다. 목회자들의 타락, 성도의 방황은 모두 골방을 잃어버린 참혹한 실상이다.

인생은 부활의 씨앗

부활절 연합예배를 위한 설교자를 뽑는데 난항을 거듭하다가 봉합되었다고 한다. 교회나 단체나 비대해지면 썩게 마련이고, 각 단체마다 썩은 살을 도려내고자 분열된 이유가 있을 터, 굳이 다시 뭉쳐서 경배를 드리려는 목소리가 참으로 어색하기만 하다.

흩어짐을 통하여 복음의 순결을 지켜 오신 하나님이시다.
시기마다, 절기마다 굳이 겉모양 미끈하게 연합예배를 드리고자 한다면, 비싼 호텔 자리 값 낭비하면서 부산떨지 말고, 제비뽑기 하면 그만이다.

하나님 말씀 전하고자 목자가 된 사람들이라면 누구나 설교 못할 사람 없을 터, 예배 순서 정해 놓고 사회자, 설교자, 기도할 자, '제비뽑기' 하면 그만인 것을, 무지하게도 애쓰는 모습이 어지간히 꼴사나운 행태들이다.

하나님께 예배를 드리고자 하는데 누가 예배를 주도해야 하는 것이 뭐 그리 대수로운 일이라고, 예배위원 명단에 제 이름을 올리려고 힘겨루기를 하는지 도무지 알 수 없는 추태들이다.

예배를 드리기에 앞서 중요한 것은, 그리스도 권세로 구원해 주신 은혜에 대한 부복(仆伏)이다. 원로 목사들이 앞 다투어 예배위원을 도맡아하니 패기도 없고 싱그럽지도 않다.

부활절 연합예배를 드리기 이전에, 예배에 임하는 목회자들의 심령이 가난해지기를 바란다. 그리스도의 영광의 복음의 광채가 비추어진 의미를 깊이 있게 깨닫는 것이야말로 부활절 연합예배를 위한 가장 소중한 준비이다.

그리스도의 부활은 인류에게 비춘 가장 큰 빛이다.
예수 그리스도의 부활하심은 인류의 죽음 문제를 해결하신 장엄한 권세이다. 예수 그리스도께서 부활하심으로, 부활의 씨앗인 인생들은 영생이라는 한량없는 영광의 은혜를 덧입게 되었다.

예수 그리스도의 부활하심은, 하나님을 떠난 죄로 말미암아 모든 인류가 초래한 죽음 문제의 해결이다. 그리스도의 부활은, 인간이 죽지 않고 영원히 살 수 있는, 꿈같은 소망이 현실로 다가온 대서사시이다.

부활의 씨앗인 인생들은 영생이라는 열매를 맺을 수 있는 기회를 제공받았다. 일생일대 가장 소중한 것을 얻게 된 기쁨은 부활로 인함이다. 예수께서 그리스도 권세로 죽음을 물리치고 부활하심으로 얻은 보장이다.

예수 그리스도의 부활의 권능에는 인류가 감사해야 할 수많은 덕목들이 녹아들어 있다. 용서는 부활의 뿌리이고, 십자가의 용단과 희생은 위대한 실천적 덕목들이다.

하나님을 떠난 인류의 죄를 용서하신 부활이고 보면, 창조주의 위대한 사랑의 대서사시가 부활 프로젝트이다. 독생자 예수 그리스도를 속건제물로 삼으시며 죽음의 인간들에게 영생을 주신 장쾌한 승리가 그리스도의 부활하심이다. 그래서 중한 것은, 예배에 임하는 심령과 부활의 의미 앞에 사무치게 감사할 수 있는 영혼의 울림이다.

흩어진 단체의 목회자들이 굳이 모여 애쓰면서 마찰음을 쏟아낼 것이 아니라, 각 단체마다 전국 각지에서 고요한 속에 장엄한 경배를 드리는 것이 보다 더 은혜로운 부활절 예배일 수 있다.

예배 모임의 크고 작음을 떠나, 구원의 은혜에 대한 진정한 경배를 계획하고 준비하는 과정이 아름다울 때, '제발 좀 조용히 하라!' 진노하시는 하나님께서 뇌성을 멈추실 것이다.

옷을 벗자

목욕탕에서 발뒤꿈치를 보면 한참을 물에 불려 밀어야 개운한 마음이 든다. 열심히 군살을 제거하면서 문득 삶의 여정 중에 쌓인 영혼의 군더더기는 얼마나 두터울까 생각하니 회개의 침묵 앞에 고개가 저절로 숙여진다.

지극히 제한적이고 한시적인 삶을 살아가면서, 인생들은 참으로 소중한 것들을 제외시킨 채 영혼의 쉼 없는 허상에 매달려 군더더기를 쌓고 있다. 정치인, 경제인, 군인, 스포츠인, 연예인, 종교인까지 앞 다퉈 검찰청에 불려 다니고 있는 현실은 육신의 안락만을 추구한 군더더기 때문이다.

'죄 없는 자가 돌로 치라'는 그리스도 말씀의 진리처럼, 인생은 어쩌면 크고 작은 허물을 군더더기로 쌓는 과정일 수 있다. 그러나 짧은 인생이라고 부인할 수 없는 시간이지만, 인생들이 어떠한 변화를 모색하고 인식하는가에 따라서, 깨닫고, 돌이키고, 시정할 수 있는 여백의 시간으로도 부족함이 없는 시간이다.

오랜 불황이 지속되면서 자국민의 유익만을 위한 국가 간의 경쟁으로 세계 경제는 좀처럼 활황을 모색할 수 없는 대립 속에 공존하고 있다. 더군다나 남북이 분단된 대한민국은 언제든지 열강들의 힘의 각축장으로 변할 위험이 도사리고 있기 때문에, 조금이라도 긴장을 풀게 된다면 부러진 한반도의 생존은 그리 녹녹한 환경이 될 수 없다.

유감스럽게도 거리 곳곳에서 연일 군중집회가 발생하고 있다. 이제 모두 한 발씩 물러나고 양보하는 큰 미덕으로 사회에 기여하는 생각을 행동으로 실천해야 할 때이다. 아무리 좋은 비전과 확고한 당위성일지라도 개인의 유익보다는 사회적인 기여를 먼저 재고해야 한다. 정치, 경제, 문화, 사회 전반의 부정부패를 잠식시키고 국민의 힘을 결집시켜야 할 때이다.

정치인들은 민심을 바로 알고 겸허함으로 국정을 쇄신해야 한다. 연일 마찰음을 토해놓고 있는 정당들은 조속히 국정의 건강한 동반자로 거듭나야 한다. 각종 사건사고는 국력이 소모되지 않도록 조속히 매듭지어져야 하며, 국민 모두 일상으로 돌아가 건전한 대한민국의 재도약을 위한 민초로서의 책임과 의무를 위해 노력할 때이다.

이제는 참으로 물질이라는 외투, 권위라는 외투, 개인의 유익을 위한 투쟁의 외투, 지극히 억울한 당위성의 외투 등을 모두 벗어버리고, 어느새 소리 없이 신록을 향하고 있는 풀잎의 도약을 숨쉬어 볼 때이다.

오락가락하던 봄비의 끝에 이제 팔소매를 걷어붙여야 시원한, 여름을 향한 시간이 흐르고 있다. 이제 모두 외투를 벗어야 할 초하지절(初夏之節)이다.

주말이면 아라뱃길 노상공원은 야영장으로 변한다.
강바람을 맞으며 음식을 만들고, 남녀노소 어울려 자전거 하이킹을 하고, 작은 동호인들이 불어대는 색소폰 연주와 무명가수의 공연이 쉼을 선사한다.

문명의 이기는 풍요롭다지만, 풍요로운 이기를 소유하려는 현대인들은 맑은 정신을 보장받을 수 없는 고단한 일상이다. 영혼의 돌아봄이 절실한 인생들이다. 그래서 현대인들은 나름대로 바쁜 일상을 쪼개어 여행을 계획하고, 정적인 시간을 갖거나, 나눔과 봉사의 시간을 할애하는 등 맑은 정신을 위한 실천을 위해 노력한다.

그러나 정신과 영혼은 전혀 다르다. 인생들은 누구 한 사람 예외 없이 영혼을 소유하고 있다. 또한 육신의 죽음을 소유하고 있다. 인생들에게 군더더기가 쌓이는 것은 탐심 때문이다.

육신은, 언제나 물질의 풍요와 명예, 허울 좋은 권위와 자존심, 고정관념적인 당위성들로 무장되기를 원한다.

정신은, 휴식과 인식의 변화를 통하여 언제든지 재충전할 수 있다.
그러나 영혼은, 하나님이신 '그리스도 예수'를 만나야만 생명으로 거듭날 수 있다.

"예수께서 가라사대 나는 부활이요 생명이니 나를 믿는 자는 죽어도 살겠고 무릇 살아서 나를 믿는 자는 영원히 죽지 아니하리니 이것을 네가 믿느냐" (요11:25~26)

그리스도 예수를 신뢰하는 믿음은 모든 육신의 군더더기, 정신의 군더더기, 영혼의 군더더기를 일거에 제거할 수 있는 방편이다.

믿음은, 육신의 옷을 벗을 때 보이는 오아시스이다.
옷을 벗자.

인생의 봄

봄이다.

개나리의 강변, 흐드러진 벚꽃의 움집, 만산의 진달래까지 삼천리 금수강산에 각종 꽃들이 만개했다. 우러른 하늘은 청명을 매달고 바람 한 결 정겨움이 스친다. 잠시나마 평안을 가슴에 담는다. 행복하다.

모든 인생들의 이상은 행복한 삶이다.

그러나 인생들마다 각기 행복의 기준은 다르다. 행복의 기준은 인생들을 존립시키는 가장 소중한 의식으로 사회 전반을 구성하고 있다. 마음속에 설정된 행복의 기준은 곧 성취하고 싶은 미래이고, 행동을 유발시키는 촉매제이며 점진적인 삶의 이유이다.

그러나 현대인들은 대부분 물질을 근거로 성취되는 행복을 추구하고 있다.
행복의 잣대가 물질로 인하여 주어진다는 의식은 현대인들을 분주한 일상으로 몰아가고 있다. 무엇을 위하여 전쟁 같은 일상을 감수하며 살아가는가에 대한, 고뇌조차 버거운 삶의 무게 속에서 인생들은 행복을 꿈꾸고 있다.

그러나 그리 녹녹하지 못한 사회 여건이나 장기 불황의 환경은 인생들에게 좌절을 감수해야 하는 높은 장벽으로 다가온다. 안타깝게도 극단적인 죽음에 내몰리는 인생들의 소식이 연일 매스컴을 오르내린다.

인생들은 원초적으로 고독하다.
하나님 말씀을 불순종하고 하나님을 떠난 인생들에게 찾아온 것은 불확실한 미래에 대한 두려움과 피할 수 없는 죽음이다. 모든 것을 다 소유하고, 사랑하는 사람들이 모두 평안한 삶을 살아가고 있어도 절대고독을 벗어날 수 없다.

부활절 주간이 막 지났다.
우리들은 지금 부활하신 그리스도 예수를 몰라본, 다메섹을 향한 발걸음과 같은 어두운 영안으로 세상살이를 하고 있는 것은 아닐까.

보이는 것만을 믿어야 하는 것은 아니다.
때로는 믿어야 보이는 것도 있다.

하얀 목련이 그늘 없는 교회 마당에 잎사귀를 쌓는다.
봄 햇살이 참으로 좋다. 실눈으로 들어서는 아지랑이가 정겹다.
어디에서인가 애끓는 흐느낌이 들리는 듯하다.
여인의 등을 쓸어주시는 그리스도 예수의 손길이 다가선다.

인생의 봄은, 그리스도와 동행할 때만 느낄 수 있는 계절이다.

개똥밭

연이틀 내린 봄비로 꽃망울이 싱그럽다.

각양각색으로 만개한 꽃들의 화사한 색조를 보노라면, 정겨움에 다가서는 풋풋함으로 기분이 좋다. 아라뱃길 강변에 앉아 꽃들의 향연을 보노라니, 개똥밭에 굴러도 이생이 좋다는 민담이 가슴에 와 닿는다. 한 번 기차라도 타고 남녘의 봄 햇살에 세상살이 귀 닫고 시름을 달래 보고픈 충동이 인다.

세상은 연일 시끄럽다.

대립과 갈등, 경쟁과 송사, 타인의 유익을 짓밟으면서까지 쌓고 싶은 부요의 목적으로 선한 가치는 상실되고, 물질에 노예가 된 인생들의 가치관은 가족 중심의 유산 상속과 재물 축적으로 어두운 이기만을 쓸어안고 있다. 인간 존엄의 미덕은 이미 음지의 그늘로 가려진 지 오래이다. 그래서 세상은 개똥밭이다.

대한민국은 지금 수백억 원을 횡령한 경제인의 자살로 국정이 어지럽다. 억울함을 호소할 길이 없어 망자가 된 경제인의 울부짖음 앞에서, 망자와 관계가 있어 보이는 정치인들은 고개를 쳐들고 저희들은 망자와 전혀 관계가 없다고 단언하고 있다. 검찰 수사가 시작되었다고 하나, '믿을 수 없는 검찰'이라는 불신이 뒤따른다.

분명히 드러난 것은, 권력을 쥐고 있는 정치인들에게 로비를 하면 기업에 이권이 돌아가는 정경유착의 고리가 아직도 음지에서 공공연히 자행되고 있다는 사실이다.

국민들은 어처구니없는 상실감과 분노를 느끼고 있지만 표출해 볼 수 있는 방법이 없다. 그저 억장이 무너진다. 하루살이처럼 하루 한 달을 살아가는 서민들에게는 꿈에서나 만져볼 수 있는 억(億) 소리 나는 큰돈이 부정부패의 고리를 매달고 아이들 용돈처럼 주어진다.

몇 억을 주고받고, 몇 십억을 횡령해도 국가에서 제공한 국민들의 혈세는 온 데 간 데 없다. 기업인들에게 준 특혜를 서민들에게 제공한다면 누구든지 성공의 토대가 될 수 있다. 몇 백만 원의 생활

자금조차 융자받을 수 없는 서민들은 욕설이나 진탕 내뱉을 수밖에 없다.

이제는 어찌하랴.

대통령이 범죄자이니 이렇고, 대통령을 보필하던 실세들도 저만 배부르던 세월이니 저렇고, 전직 대통령들이 다 그렇고, 여야 가릴 것 없이 나라를 개똥처럼 여겼으니 이제는 누가 나라를 이끌고 대한민국의 미래를 건설할 것인가. 오호(嗚呼)라 애재(哀哉)라.

개똥밭에는 당연히 개들이 산다.
아무렴 먹고 똥을 싸야 개똥밭이다.

선거는 또 다가온다.
개똥밭에 있는 인물들을 또 뽑는다면, 국민 역시 개똥을 서둘러 싸야 할 개똥밭 사람들이다.

면죄부

봄꽃이 활짝 피어 대한민국 산야에 향기가 그득하다.
지치고 힘든 환경 속에서 인고의 시간을 헤쳐 나가는 서민들에게
도 봄꽃의 개화는 꿈과 소망을 잃지 않게 하는 희망으로 다가온
다.

가정의 달이다.
부모와 스승의 은혜를 돌아보고, 꿈나무들에게 정직하고 건강한
미래를 남겨야 할 과제 앞에 진중해지는 오월이다. 두말할 나위
없이 가정이 건강해야 사회가 건강하고, 사회가 건강해야 국가가
건실하다.

그러나 지금 대한민국 사회는 건강하지 못하다.
사회 기득권층이라는 사람들의 가정이 불경한 모습을 드러내고 있기 때문이다. 제 자식 하나 잘되면 그만이다 싶은 이기주의가 로스쿨 입학 과정에서 여실히 드러났다.

사회 지도층 자녀들이 로스쿨 입학을 위해 작성한 자기소개서에 실존하는 권력들을 노출시켰다. 실세의 자녀라는 사실을 공개함으로 묵시적인 압력을 행사한 것이다. 노출된 권력의 실체보다 더욱 상실감을 안겨 주는 것은 부정 입학 여부를 조사하고 난 후 면죄부를 제공하고 있는 교육부의 처사이다.

건강하지 못한 국가는 부정을 알면서도 면죄부를 주는 사회를 일컫는다.
범죄자에게 면죄부를 제공하고 검은 대가를 착복하는, 숨은 권력형 범죄가 공공연히 자행되고 있는 현실은 대한민국의 어두운 자화상이다.

도박 혐의로 구속된 범죄인에게 면죄부를 주고 착복한 검은 권력과, 불공정한 로스쿨 입학 제도를 악용한 권력자들은 물론, 이들에게 미온적인 태도로 면죄부를 제공하고 있는 교육부의 단호하지 못한 조사 결과는 정직하지 못한 어두운 이면을 여실히 드러내고 있다.

더욱 가슴 아픈 현실은, 사회 정의를 수호해야 할 기독교계의 타락이다.

물질과 무리들의 함성에 정의가 묻혀 버린 작금의 기독교 현실은, 마르틴 루터가 하나님의 능력에 힘입어 종교개혁을 제창할 당시의 환경과 조금도 다를 바 없다. 종교개혁 당시 성직자들은 죄인들에게 면죄부를 주고 어두운 물질을 받았다. 육신의 안락을 위해 성스러운 정의를 포기했다.

지금 대형교회 목회자들의 타락을 방관하고 있는 소속 단체들의 비굴한 모습은, 면죄부를 제공하고 있는 묵시적 야합이다. 하나님의 헌금을 사유재산처럼 횡령하고 교회당을 제 자식에게 상속하고 있는 기독교계의 타락은 이단들에게까지 손가락질을 당하는 빌미를 제공하고 있다.

기독교계의 노회 · 총회 · 연합회들이 대형교회의 물질 공세를 받으며 썩은 물처럼 고여 있다. 이들은 변화를 원치 않는다. 타락한 목회자의 교회에서 제공하는 운영자금이 끊어질까 염려스럽기만 하다. 면죄부를 주고서라도 고정적인 물질만 제공받으면 그만이다. 단체 유지라는 명분으로 제공되는 돈만 몇 푼 챙기면 그만이다.

죄가 관영한 세상이다.
그러나 그보다 더욱 위험한 것은 공정하지 못한 법 집행이다. 건강한 국가는 공정한 공권력과 법의 정의로운 집행에 근거한다. 공공연히 자행되고 있는 면죄부는 국민들의 마음을 암울하게 한다.

국민들은 정의를 원한다.
정의로운 사회는 공평한 공권력의 집행에 있다. 많은 영화들이 정의를 실현하는 강직한 주인공들을 등장시킨다. 자신의 안위에 아랑곳하지 않고 정의를 실현하는 주인공들에게, 관객들은 아낌없는 박수갈채를 보낸다.

대한민국은 기득권층들이 먼저 이기적인 사고에서 깨어나야 한다.
자녀들과 가정의 안녕을 포기하고 국가 독립을 선택한, 안중근 의사와 같은 수많은 선인들이 의혈로 수호한 국권이다.

특정인에게 면죄부를 주게 되면 부도덕하고 저급한 국가로 추락하게 된다. 기득권층, 권력층, 부요한 자들이 먼저 가정교육을 통해 정의를 사회 가치관의 근간으로 삼아야 한다. 정의를 가르치는 가정은 곧 정의로운 사회와 국가의 백년대계를 보장하는 초석이다.

권력의 기득권을 부끄럽게 여기고, 불의에 항거하는 용기와 정의를 자랑으로 여기는 가치관은 가정으로부터 배양된다.
정의의 씨앗을 뿌리는, 의미 있는 가정의 달이 되기를 바란다.

비상하는 날개, 회개

교회당 내에는 성도가 있고 교회당 밖에는 성도가 없다는 탄식은 단순한 조롱이 아니다. 사실이다. 오늘날 한국 교계의 총체적인 위기는 여러 가지 문제점들이 쌓인 결과이다. 범법이 드러난 목회자들의 불순한 범죄 행위는 경악을 금치 못할 일이다. 더군다나 참회의 시간도 없이 여전히 교세와 물질을 앞세워 비싼 신문 광고를 해대며 굵직한 대회의 수장 노릇을 하고 있으니 구역질이 난다.

그렇다고 죄상이 드러난 이들이 한국 교계의 타락을 몽땅 뒤집어쓰고 책임진다 해도 해결될 문제는 아니다. 한국 교계 전반이 타락일로를 걷고 있는 현실에 비추어 보면, 죄상이 드러난 목회자들은 지극히 소수에 불과한 어두움의 희생양이다. 한국 교계의 전반적인 타락에 비추어 보면 빙산의 일각에 불과하다.

하나님의 진노 앞에 추락하고 있는 한국교회는 위험천만한 상황이다.
백척간두다. 더 이상 교권 남용과 파벌, 갈등과 대립으로 점철된 한국교회의 추락을 방관할 수 없다. 무언가 획기적인 활로를 찾아야 한다. 회개, 감사, 영생 얻은 기쁨, 잃어버린 소중한 가치들이 너무도 많다.

물질 축적을 위한 목회자들의 그릇된 가치관은, 스스로 눈이 밝아져 하나님의 말씀을 무시하고 따 먹은 선악과의 에덴과 똑같은 상황을 초래했다.

선악과를 따 먹고 하나님을 피해 숨은 아담과 달리, 작금의 타락한 목회자들은 물질의 풍요 위에 개기름이 줄줄 흐르는 가면을 드러내놓고 활개를 치고 있다. 뻔뻔하다. 양심에 화인을 맞았으니 무슨 짓이든 못하겠느냐만 여전히 교세와 물질을 방패막이로 삼아 교회를 지키고 있으니 어처구니가 없다.

한국 교계는 무리들에 의해 좌지우지되고 있다.
한국교계를 대표하는 연합회는, 이단성이 있다는 단체의 가입 여부를 따지는 거친 찬반양론으로 갈라섰다. 오래 전부터 곪았던 종기의 피고름이 터진 상황이다.

한국 교계의 분열과 대립은 이제 조금도 놀랄 일이 아니다. 세인들에게도 지탄의 대상이 되고 있는 한국 교계의 타락은 물질에 눈이 어두워진 목회자들의 타락에서 비롯되었다.

개척교회 목사라면 벌써 윤리위원회를 열어 면직 처분을 받았을, 세간을 떠들썩하게 만든 실형의 죄인들이 버젓이 큰소리를 치고 있다. 그럼에도 불구하고 연합회, 총회, 노회는 오히려 그들에게 면죄부를 제공하고 있으니, 참으로 고약한 현실이 아닐 수 없다.

많은 정통 총회들이 연합회를 떠났다.

연합회는 더 이상 한국 교계를 대표하는 구심점으로서 위상을 보존할 수 없는 지경에 이르렀다. 연합회, 총회, 노회, 어디이건 거미줄처럼 얽힌 패거리들의 타락의 끈은 물질이다.

한때는 특정 연합회 소속 목사임을 자부했던 목회자들이다. 그곳에 소속 되어 있어야만 정통 교단 목사로 인정받을 만큼 연합회는 든든한 버팀목이었다. 지금은 연합회에 소속되지 않은 총회를 오히려 정의로운 단체라고 구분할 만큼, 연합회의 명성은 몰락 지경에 이르렀다.

어디 그뿐이랴. 총회들의 아우성은 설상가상이다.

그 나물에 그 밥 아니랴. 연합회를 등지고 흩어진 총회들은 앞 다투어 새로운 기득권층을 형성하고, 헌법을 뜯어 고쳐가며 물질의 이득을 보존할 수 있는 패거리들의 작당으로 연일 고성과 대립이 멈춰지지 않고 있다.

헤아릴 수 없이 많은 총회들이 분열을 거듭하고 있을 뿐만 아니라, 교회당의 대물림 같은 낯부끄러운 짓거리들을 묵시적 야합으로 자행하고 있다.

교회당은 이제 특정인의 사유 재산이나 다름없다.
하나님께 바친 헌금은 목회자들의 풍요를 위해 축적되고, 무리하게 건축된 성전의 융자금 이자와 과도한 판공비로 하나님의 헌금이 소모되고 있다.

추락하는 한국교회에 탈출구는 없는가.

목회자들이 먼저 스스로 옭아맨 물질로부터 자유를 찾아야 한다.
회개의 문은 언제나 열려 있다. 재물은 일만 악의 뿌리다.

목회자들이 재산을 소유할 수 없도록 교회 헌법을 개정하면 추락한 한국교회가 비상할 수 있을까.

세상 물질관과 별반 구별이 안 되는 목회자들의 타락한 물질관은 교회 헌법 위에 군림하고 있다. 하나님을 믿는 믿음이 실존하고 있는지조차 의구심이 들만큼 물질과 명예의 수렁에 빠져 허우적거리고 있다. 물질을 앞세운 무리들이 교회 헌법 위에 군림하고 있으니 헌법 개정은 추락하는 한국교계의 탈출구가 될 수 없다.

회개하라, 천국이 가까우니라.

회개뿐이다.
물질주의에 빠져 있는 무리들에게 하나님의 진노와 천국 생명책에서 제 이름이 지워진 상황을 인지시키면서, 내동댕이친 양심에 경종을 울리게 할 유일한 대안은 회개이다. 제 자식이 독배를 마시고 죽더라도 유산만은 반드시 상속하려고 몸부림치는 무리들이 정녕 하나님의 목자인지 애닯은 곡소리만 터져 나온다.

물질의 수렁에 빠진 무리들의 세상이다.
물질 축적을 위해서라면 물불 가리지 않고 미친개처럼 뛰어다닌다. 무리들은 언론까지 장악했다. 꼴도 보기 싫은 얼굴들이 넉넉한 물질을 앞세워 신문에 전면 광고를 내며 낯 두꺼운 명성을 과시하고 있다. 양의 탈을 쓴 이리들의 몰골이다.

물질 축적은 곧 우상숭배이다.
우상숭배는 하나님의 진노의 대상이다. 그러므로 물질 축적에 혈안이 된 무리들은 죽은 영혼들이다. 재물에 마음을 둔 무리들은 더 이상 목자가 아니다. 죽은 자에 불과하다.

죽은 영혼들이 무리를 지어 각종 집회와 행사를 주관하고 있다. 죽은 자들로 죽은 자를 장사하게 하고 너는 나를 따르라는 그리스도 예수의 말씀처럼, 죽은 무리들이 무슨 행사를 치르고 있는지, 집회를 치르고 있는지 상관할 바 아니다. 죽은 자들의 위장된 허울일 뿐이다.

등 따습고 배부르니 하나님이 어디 있겠는가.
앵무새처럼 습관적으로 흥얼거리는 것을 설교랍시고 떠들며, 제이름 석 자 드높이려는 무리들의 추앙을 따라 전국 방방곡곡을 불려 다닌다. 근신할 시간이 절실히 요구된다. 자성의 시간을 가져야 한다. 회개의 심령으로 재물을 토해 놓아야 한다. 그래야 비상할 수 있다.

재물을 가득 짊어진 무게로는 비상할 수 없다.
교회당은 사유 재산이 아니다. 상속의 대상은 더더욱 아니다. 헌금은 목회자들이 이런저런 핑계로 유린해서 사용될 물질이 아니다. 다 내려놓아야 비상할 수 있다. 비상하는 날개, 회개뿐이다.

무리들이여!
엘리들이여!

무릎걸음으로 골방 가서 회개의 문을 열고 하나님을 다시 만나보
시게나.

하나님께서 시간 내어 주신다는 데 이게 웬 떡이랴. 회개.

산수유 꽃 속살

봄의 전령인 꽃들의 만개함은, 가슴에 쌓인 눈을 녹아내리게 한다.

남녘에서 들려오는 내 고장 향토 축제마다 만개한 꽃들의 향기가 세속의 찌끼들을 씻어준다.

모처럼 하루 휴식을, 산수유 꽃과의 만남을 위해 호남선에 몸을 실었다.

기차의 중복 음에 익숙해질 무렵, 나른히 감기는 실눈 사이로 터널 구간의 어두움을 통과할 때면 마치 한국 교계의 영적 어두움을 지나는 것 같아서, 안타까운 마음을 넘어 가슴 언저리가 쓰리고 아프다.

돌이켜 보면, 한국 교계는 그 어느 해보다 춥고 긴 겨울을 지나고 있다.

기독교가 아닌, 다른 우상의 종교에도 구원이 있다는 이단 사상을 채택한 WCC 집회가 한국에서 개최되었기 때문이다. WCC 한국 집회를 M 교회 목사가 주도하여 추진했다. 등 따습고 배부르니 복음은 희미해지고 제 이름은 높이고 싶은 모양이다.

부산에서 열린 WCC 집회에 대하여, 예수 그리스도의 복음에 흠집을 낸 망극의 모임이었음을 천명한 목회자는 정직을 당하고, 집회를 주체한 목사는 여전히 희희낙락하고 있다.

세상이 다 알고 있는 죄로 실형을 선고받은 원로목사는 지나온 많은 세월, 세상 죄를 끌어안고 살아왔음이 백일하에 드러났음에도 불구하고 여전히 설교와 집회를 주도하고 돌아다니고 있다.

혹이나 죄의 집행이 유예되었다고 실형 선고를 받은 사실을 망각하고 있는 것은 아닐까?

유전무죄 무전유죄라던가.

세상 물질 가치관이 목회자 사회에도 그대로 적용되고 있다.

실형을 선고 받았어도 여전히 목사 직분을 유지하고 있을 뿐만 아니라, 연합회, 총회, 노회는 실형 선고 받은 목사의 죄에 대하여 침묵하고 있다. 범죄에 대하여 교회 헌법을 적용하고 논의해야 할 단체들은 윤리위원회조차 소집하지 않고 있다.

우상숭배 수준의 물질 탐욕이 드러났음에도 불구하고 교회, 노회, 총회, 연합회까지 관련된 단체들은 여전히 맹신적 추앙만을 거듭하고 있다. 세상 물질관이 진리의 사회에서도 그대로 적용되고 있으니 참으로 기가 막힐 노릇이다. 교만과 인본주의의 극치이다.

목회자의 탐심을 보고 계신 하나님께서 참회의 시간을 요구하고 계심은, 회개의 무릎걸음을 걸어본 성도들이라면 누구나 들을 수 있는 천상의 음성이다.

잠시라도 실형을 선고 받은 목사의 이름이 매스컴에 등장하지 않기를 바란다. 실형을 선고 받은 목사가 회개의 시간을 가지기를 바라는 권면을 안고 산동마을 산수유 꽃 축제장을 들어섰다.

산수유 꽃은 얼핏 개나리꽃과 구분이 잘 되지 않는다.
그러나 조금만 유심히 들여다보면 개나리꽃은 키가 낮고 꽃잎이 크고 화려하지만, 산수유 꽃은 나무가 굵고 키가 높고 꽃잎이 작고 애틋하며 화려하지 않은 노란색임을 구별할 수 있다.

이제 성도들이 나서서 선한 목자와 삯꾼 목자를 구별해 내야 한다.
민심은 곧 천심이다. 동서고금을 막론하고 어떠한 철권적 통치자들도 민심 앞에서 결국은 무너지듯, 이미 여러 기독교 단체를 물질로 장악한, 명성 높은 목회자일지라도 성도들의 정의를 이겨낼 수 없다.

성도들은 하나님의 성스러운 무리들이다.
의로우신 성령께서 내주하고 인도하고 계신, 하나님의 의로운 백성들이다.
거짓과 참됨을 분별할 수 있는, 성령을 동반하고 있는 하나님의 백성들이다.

하나님과 물질을 겸하여 섬길 수 없음을 천명한, 하나님의 말씀을 가슴에 품고 물질 소욕에 빠져 있는 삯꾼을 가려내야 한다. 육신의 안위를 위한 축적은 물론 교회당까지 대물림하고 있는 삯꾼 목자를 몰아내고, 그리스도 예수의 제자를 양육하는 선한 목자와 더불어 헌신할 때 한국 교계의 영적 어두움을 걷어낼 수 있다.

성도들은 목자들의 속살을 들여다보아야 한다.
다수의 횡포 속에 정의로움이 묻혀버리는 사회나 국가는 건강한 국민의 행복지수를 높일 수 없다. 국민들이 적극적으로 참여할 때 위정자가 색출되는 세상 정치판처럼, 성도들이 깊은 묵상과 기도를 통하여 한국 교계를 냉철하게 들여다볼 때, 진실과 숨겨진 위선은 분별될 수 있다.

산수유 꽃 축제장은 장터까지 열린 큰 마당에서 북새통을 이루고, 농익은 사회자의 입담과 관광객들의 장기자랑으로 축제 열기가 뜨겁다.

꽃의 채색을 보고, 꽃의 향기를 맡고, 꽃과 토색의 조화를 느낄 수 있는 축제장이지만, 눈에 보이는 꽃의 현란한 채색보다는 바람 한 결에 흐느적거리는 꽃의 나약함을 아름다운 채색으로 이끄신 창조주의 미소가 경이롭다.

산수유 꽃은 왕관을 쓰고 있다.
얼핏 스쳐 지나면 볼 수 없는, 왕관을 쓴 산수유 꽃의 영롱한 자태를 발견할 때, 성도들은 세상 소욕의 왕관을 벗어버리고 하나님께서 씌워주실 왕관, 곧 의의 면류관을 위한 초심의 헌신을 되찾게 될 것이다.

왕관을 자랑하지 않는, 영혼의 산수유 꽃이 한국교계에 만개하기를 소망한다.

봄날은 간다

성도들에게 봄날은 언제이런가.

예수 그리스도께서 우리의 원죄 문제를 해결해 주신 십자가 사건
이 내 사건이 될 때 봄날이런가.

그리스도 권세로 죽음을 이기신, 승리의 그리스도의 영(靈)을 영
접함으로 영생의 은혜를 얻은 인생 전반이 정녕 봄날이런가.

세상은 햇살 그윽한 개화다작(開花多作)의 봄날이다.

그러나 분명 봄날은 간다. 세상 봄날이 지나가면 육신의 봄날과는

비교할 수 없는, 아름답고 거룩한 봄날이 기다리고 있다.

육신의 봄날은 참으로 짧은 중에, 금년 봄에 다하지 못한 아쉬운 일들은 다가오는 봄날 행할 수 있다. 그러나 영혼의 봄날은 반복되지 않는다. 돌이킬 수 없는 육신의 봄날의 시간 너머 영원한 봄날의 시간이 기다리고 있다. 당연히 영원한 시간을 위한 삶을 살아가는 것이 유익하고 지혜로운 판단이다. 그러나 인생들은, 우선 당장 양지 바른 세상 해바라기가 너무도 좋다.

맛깔스런 이 고장 저 고장 먹을거리가 좋고, 지구 반대편까지 돌아볼 수 있는 여행길이 너무도 좋다. 직접 배우지 못한 학문과 넘보지 못할 전문적 영역의 인생들을 만나면서, 서로를 알고 느끼고 긍정하는 동질의 만남이 좋다.

기저귀 천 조각 하나 없는 벌거숭이가 집을 얻고, 땅도 얻고, 짝도 얻고, 눈에 넣어도 아프지 않은 자식까지 얻으니, 이 세상은 실눈 감고 졸음 오는 봄날이 분명하다.

때로는 지탄의 대상이 되고, 불법을 감추면서까지 거두어들인 물질에게 기대어보면, 세상 봄날의 햇살이 더욱 더 아름답고 평안하다. 더러는 아주 가끔씩 조금은 누군가에게 죄의식을 느끼고 송구스러운 마음 감출 길이 없을 때도 있지만, 까짓 거 눈 한 번 질끈 감으면 지금 눈에 보이지 않는 영원한 봄날은 망각할 수 있고, 권모술수와 물질만능의 풍진의 세상일망정 지금 당장 봄날 햇살이 너무도 좋다.

필경은 세상 봄날을 쓸어안은 대가가 불지옥이라도 정녕 봄날이 런가.
피할 수 없는 절대자의 진노가 곧 닥칠 터인데도 정녕 봄날이런 가.

봄날은 간다.

그리스도 예수께서 주신, 사철 피는 영생 꽃만 남겨둔 채 봄날은 간다.

풍진의 세상, 소욕의 세상, 타락의 세상, 소멸의 세상에서 피어날 수 없는 꽃이 있다. 그리스도의 영생 꽃이다. 그리스도의 영생 꽃 은 영생 꽃의 꽃말만을 남겨 두고 봄날은 간다.

영생 꽃의 꽃말, 회개.

운우(雲雨)의 날

시대마다 개인의 유익을 멀리하고 사회에 기여하고자 하는 의식으로 소중한 일생의 가치를 부여한 의인들이 나타난다. 스스로 안락한 삶을 포기하고 일생의 가치를 정의수호로 살다 간 선인들의 굳센 신념은 오늘을 살아가는 현대인들에게 큰 족적이고 교훈이다.

각계각층이 부정한 재물 축적으로 세간의 입에 오르내리는, 총체적인 난국에 빠진 현실이 오늘의 대한민국 기득권층들의 자화상이다. 대한민국 삼천리 금수강산 어디엔가 덕망 있는 인재가 어찌 없겠냐마는 옛날이나 지금이나 부정부패의 울타리 안에서 간신들만 눈에 띄게 설쳐대고, 국가를 위해 쓰임 받아야 인재들은 개똥밭 같은 위정자들의 세계를 멀리하고 있으리라.

날씨가 흐리다.
안개비가 내리는 듯 해가 없다.
비도 아닌 것이, 구름도 아닌 것이, 눈앞에 보이던 장산(長山)까지 허리를 휘감고 있는 기이한 풍경이다. 운우(雲雨). 마치 인생들의 크고 작은 허물을 덮어두고 있는 듯하다.

오늘도 메인 뉴스는 검찰청사 앞이다.
범죄에 대한 심증은 있는데 법리적으로 물증이 없는 사람들이 구속을 모면한 기쁨을 참아내며 검찰청을 빠져 나온다. 운우 속에 가려진 풍경 같은 범법자들이다. 수사를 받고 나오는 낯짝들은 한결 같이 번들거리고 두껍다는 생각을 지울 수가 없다.

증거 부족으로 인하여 구속을 면했다지만 어찌 하나님의 낯을 피할 수 있으랴. 인생들의 머리카락까지 계수하시는, 전지전능하신 하나님의 심판을 피할 수 있는 인생은 없다.

대충 기억해 보아도 역대 대통령들은 말할 것도 없고, 국무총리 두 명, 국회의장, 국군 참모총장, 고위 공무원, 기관장, 대기업 총수, 검찰 수장, 대형교회 목회자까지 검찰청에 불려 다녔다. 어쩌면 검찰청을 들락거려야만 큰 인물인가 보다.

어리석은 인생들이다. 불과 일백 년 안팎 살다 가는 한시적 생명임을 망각하고 재물의 소욕만으로 살아가니 말이다. 사후(死後)의 멸망 지옥은 안중에도 없다. 우선 당장 입에 단 것이 들어가면 그만이다. 재물의 소욕은 죽음 앞에 설 때에야 비로소 피눈물을 흘리며 후회하게 될 것이다.

인생들의 세상은 운우에 가려진 풍경과 같다.
진실을 왜곡하고 양심을 외면해야만 소유할 수 있는 검은 물질들이 호사를 품게 한다. 불법과 편법 사이를 곡예 하는 피에로처럼 줄타기를 잘해야만 움켜쥘 수 있는 재물은, 항상 검은 유혹의 덫으로 육신의 안락을 갈구하는 인생들의 곁을 서성거린다.

운우가 점점 넓게 퍼진다.
공항으로 향하는 전철의 규칙 음에 익숙해질 무렵, 영종대교를 건너는 차창으로 바다 물결이 정겹다. 태양은 보이지 않아도, 빛이 있기에 볼 수 있는 운우의 풍경이 마음을 가라앉게 한다.

인생들이 어두움을 분별하고 밝은 사회 구성원으로 성실하게 살아가고자 하는 열망은, 빛으로 세상을 감지하시고 세상 어두움을 다스리시는 절대자의 숭고한 창조 질서 안에 존립하기 때문이다.

"하나님이 가라사대 빛이 있으라 하시매 빛이 있었고" (창 1:3)

빛이 없는 날에도 운우의 풍경이 보이는 것은 어디에선가 빛이 비추고 있음이다. 아름다운 운우의 풍경도 빛이 존재하기에 빛 안에서 감상할 수 있는 운치이다.

운우에 가려진 풍경을 바라보노라면, 거짓과 위선으로 점철된 일상을 침묵으로 돌아보게 한다. 그래서 거짓의 앙금을 씻어버릴 수 있는 운우의 날은, 영생을 은혜로 준비하신 빛의 주인을 만나는 특별한 날이다.

등짐

날씨와 인생은 논하지 말라는 말이 있다.
날씨만큼이나 변덕스러운 것이 인생이라는 이야기이다.

누구나 인생을 돌아보면 대하소설 같은 파란만장한 이야기가 있
다.
자신이 계획한 대로 결과가 나타나지 않는 환경으로 인하여 갈등
하고 고통 받는 일이 비일비재한 상황이 인생이다.

만남이 있으면 헤어짐이 있고, 풍족함과 턱없이 부족한 환경이 공
존하는 사회가 인생들이 살아가는 세상이다. 인생들의 환경은 육

신의 안위를 위한 물질의 추구로 얼기설기 엮여 있다.

그러나 아무리 풍족한 인생일지라도 물질로 인한 만족이나 끝없는 평안은 주어지지 않는다. 지극히 유한하고 한정된 시간 속에서 인생들은 고뇌한다. 삶은 죽음의 여정이기 때문이다. 오늘 행복한 성취는 내일이면 내 것일 수 없는 잠시의 소유이다.

그래서 인생들은 나눔을 실천하고 희생과 헌신을 기쁨으로 추구하며, 어려운 인생들에게 희망의 시간을 제공해 주는 미덕을 발휘한다. 덧없는 인생길의 존재 가치를 아름다운 덕목으로 승화시키려는 노력이다.

인생들은 모두 크고 작은 등짐을 지고 살아가는 짐꾼들이다.
등이 휠 것 같은 등짐의 무게 때문에 누구나 상실의 시간을 보내야 한다. 만약에 인생들에게 등짐이 없다면 얼마나 오랜 시간을 평안하게 살아갈 수 있을까.

오히려 가난이라는 짐을 지고 있기에 인내할 수 있는 겸손함을 깨닫게 되고, 실패와 이별, 질병과 고난의 짐을 지고 있기에 희망과 소망을 잉태하며 살아갈 수 있는 것은 아닐까.

부모 봉양의 짐, 가족 부양의 짐, 자식 교육의 짐, 삶의 질을 높이기 위한 짐, 고난과 상처의 짐들이 등에 매달려 있기 때문에 인생

들은 나이가 들수록 도덕률이 높아지고 침묵의 비움을 깨닫는 것
은 아닐까.
그래서 인생들의 버거운 삶의 등짐들은 힘들고 무거운 동시에 스
승의 가르침과 같은 훈령으로 인생들을 인도하는 이정표와 같다.

날씨가 무더워진다.
모처럼 계양산에 올랐다.
서해와 이어진 아라뱃길을 한눈에 담아 본다.
고단한 일상이 멀어지니 나른한 쉼이 평안하다.

벤치에 누워 실눈을 연다.
소나무의 진한 향내가 실바람에 묻는다.
언제나 그 자리에 서 있는, 변함없는 소나무의 우직함이 변화무쌍
한 인생들의 소용돌이 같은 소리들을 잠재우는 듯하다.

산을 내려가면 다시 짐을 져야 하는 짐꾼의 삶이다.
육신이 존재하는 한 인생들은 크고 작은 등짐을 내려놓을 수 없
다.

인생들의 등짐을 거두어 줄 수 있는 분은 창조주 하나님뿐이다.
인생들의 진정한 쉼은 물질과 관계없는 영혼의 쉼이다.

"수고하고 무거운 짐을 진 자들아 모두 내게로 오라 내가 너희를

쉬게 하리라"

예수 그리스도를 믿는 믿음은,
짐을 내려놓을 수 있는 수단이고, 시간이며, 특별한 혜택이다.

숯가마

강원도 집회를 마치고 돌아오는 길목에서 만난 숯가마는 더운 여름을 이열치열로 승화시킨 선조들의 지혜를 느끼기에 충분한 경험이었다.

교통사고 후유증에 시달리는 사람, 선천적으로 장애를 가진 사람, 각종 후천적 질환으로 인한 통증 완화를 경험한 사람들이 시퍼런 불꽃을 내뿜는 숯가마 아궁이 앞에 두런두런 모여 앉아 진한 땀을 배출해 낸다.

숯가마 한편에는 음식물을 자유롭게 조리할 수 있는 조리대가 있다. 감자, 고구마, 옥수수 등을 구워 먹을 수 있도록 숯을 모아 둔

곳에는 벌써부터 구수한 냄새가 진동한다.

참나무로 숯을 만들어내는 토굴 한쪽을 열어 붉은 열기를 내뿜는 아궁이는, 고단한 삶의 애환들을 불사르고 새롭게 도약할 수 있는 기력을 충전시켜 주기라도 하듯 연신 퍼런 불길을 뿜어낸다. 사람들은 불 아궁이 앞에서 무념의 불 쏘이기에 몰입되어 있다.

한 귀퉁이에 앉아 보니 숯가마는 눈으로 보는 것 이상으로 엄청난 열기를 내뿜는다. 온몸은 십 분이 채 안 되어 땀범벅이다.

약으로 다스리지 못하는 질병은 음식으로 다스려야 하고, 음식으로 못 고치는 질병은 칼로 고쳐야 하고, 칼로도 쾌유되지 않는 질병은 불로 다스려야 한다는 민담처럼, 숯가마의 우월한 효능을 입증하려는 중년 여인의 입담이 매우 진지하다.

불로도 다스리지 못하는 질병은 하나님께서 다스리신다고 슬며시 말꼬리를 물고 끼어들었더니, 기독교 지도자들이 저지른 범법 사건들을 나열하며 종교의 폐단을 꼬집는다.

그렇다.
숯가마에 내던져 불살라야 할 죄악들이 만연한 시대이다. 세상 사람들과 다를 바 없는 타락들이 오늘날 기독교의 퇴보를 야기한 사실을 부정할 수 없다.

숯이 되는 과정 속에 활활 타오르는 참나무의 열기는 인생 또한 한 줌 재로 화할 과정임을 일깨운다. 숯이 되려면 반드시 활활 타오르는 과정을 인고해내야 한다.

영원한 생명을 얻을 수 있는 길, 꿈같은 영생의 길을 열어 놓으신 그리스도의 복음을 증거 하다가 잠든 스데반 집사의 삶과, 예수 그리스도를 만나 전도자의 삶으로 탈바꿈한 사도 바울의 진정한 회심과 변화는, 오늘을 살아가는 많은 목회자들과 성도들에게 결연한 시도를 요구하기에 충분한 본보기이다.

성도의 삶의 근원은, 담대한 복음 증거와 진정한 변화를 동반한 회심이다. 그러나 진정한 변화에는 반드시 고통이 수반된다. 가지고 싶은 욕망과 이루고 싶은 세상 소망들을 제어해야 할 희생을 동반한다.

그래서 인생은 변화를 위한 통증들을 수용하는 시간이다.
낙엽이 되어가는 과정 속에도 푸르렀던 나뭇잎들의 보이지 않는 통증은 있었으리라. 바위와 부딪히며 산골 굽이진 계곡을 지나는 물까지도 보이지 않는 통증을 참아내며 자연의 순리를 일부 감당해내고 있다.

인생의 시간은 크고 작은 통증에 노출된다.
소멸로 향하는 인생의 과정들은 갖가지 통증들을 유발시키는 고행의 과정이다. 어떠한 고행의 인생일지라도 선한 목적의 희망 앞에서는 아름다운 마침을 보장받는 과정일 수 있으나, 선한 목적과 위배되는 통증이라면 덧없는 시간일 뿐이다.

선한 목적은, 인생들의 판단력과 분별력으로 주어지는 명제가 아니다.
때로는 인생들이 선한 목적이라고 확신하는 가치까지 선한 목적이 아닐 수 있다. 인생들은 지극히 주관적이고 개인적으로 오판할 수 있는 불완전체이기 때문이다.

그래서 하나님께서 보시기에 아름다운 가치일 때 선한 목적이 된다. 하나님은 완전하고 전지전능하신 창조주이시기 때문이다. 그런 의미에서 인생들에게 선한 목적은 곧 하나님의 개입으로부터 시작된다. 전지전능하신 하나님의 개입은 예수 그리스도의 구원을 전제로 한 은혜이다. 그래서 하나님의 은혜의 구원을 덧입은 성도라면 마땅히 아름다운 인생이라고 단언할 수 있다.

그러나 하나님의 개입은 진정한 회심을 전제 조건으로 제공되는 영생의 은혜이다. 회심이 동반되지 않은 영생의 은혜는 자가당착적 신념에 불과하다.

숯가마의 열기가 아무리 뜨겁고 무서운 불길일지라도 언제든지 일어설 수 있고 피할 수 있는 환경이기에 치유이고 휴식이듯, 그리스도 예수의 은혜로 죽음의 덫에서 벗어난 인생들이라면 마땅히 세상살이의 통증을 인내할 수 있고 헌신할 수 있는 신앙인의 삶을 기쁨으로 여기게 된다. 신앙인들의 통증은 아름다운 헌신을 동반한다.

해가 진다.
황토색 땀복이 땀에 절어 축축하다.
성도들의 신앙의 옷도 세상놀이로 인하여 다시 빨아 쓰지 못할 지경으로 무겁고 축축해진 것은 아닐까.

이제 축축한 옷을 갈아입자.
땀복을 벗고 더러운 찌끼들을 씻어내자.

숯가마.
여름 한 날, 꼭 한 번 가보고 싶은 피난처이자 회심의 기도처라고 입담을 쏟아내 본다.

쉼

잦은 장맛비로 오랜 가뭄은 해갈되었다. 바닥을 드러냈던 호수는 정겨운 물결을 일으키고, 몸통까지 드러냈던 계곡의 바위들은 굽이굽이 내려치는 물결을 맞닥뜨리며 연신 하얀 물거품을 내뿜는다.

여름이다.
매미의 우렁찬 외침이 태양을 찌른다. 국내외 유명 관광지로, 산 좋고 물 좋은 곳으로 향하는 피서객들의 역동적인 여름나기가 절정에 이른 주간인 듯싶다.

더러는 정적인 칩거를 통하여 잠재된 능력을 재발견하는 쉼을 계획했을 터이고, 더러는 음지의 환경에서 신음하는 이웃들을 돌아보는, 선한 가치를 실천하고자 계획한 쉼도 있을 터이다. 그러나 정적인 피서이건 역동적인 피서이건 쉼은 새로운 도약을 위한 재충전의 시간이 분명하다.

쉼은 획일적인 일상에서의 일탈을 넘어, 잠재된 욕구를 선한 가치로 승화시키는 재발견의 시간일 수 있다. 쉼은 모든 것을 다 쏟아 놓고 다시 하나씩 골라 담는 책상 서랍 정리처럼, 익숙한 모든 환경과 일상을 내려놓아야만 보이는, 새로운 가치들을 수용할 수 있는 여유로움을 보장한다.

쉼은 소망을 향하는 마음을 열어주고 풍성한 것들을 공급한다. 쉼을 통한 새로운 가치 창출은, 용기 있는 결단과 불확실한 미래를 전제로 하기 때문에 두려울 수 있다. 그러나 누구든지 고정관념을 무너뜨리는 도전을 실천한다면 아름다운 미래의 주인공이 될 수 있는 시간이다.

주저할 시간이 없다.
인생은 시위를 떠난 화살과 같이 빠른 시간 안에서의 움직임이다. 대부분의 직장인들은 의식주 해결을 위해 직업을 선택한다. 직업 선택의 뒤에는 '어쩔 수 없이' 라는 수식어가 따라붙는다.

그런 반면, 하고 싶은 일을 추구하는 소신의 직업군도 적지 않다.

이공계를 전공한 시인, 문과를 전공한 기능인, 학교 문턱을 넘어 보지 못한 소설가, 중년을 훌쩍 넘긴 노장들의 만학 열기, 기꺼이 학업을 포기하고 천부적인 예능 감각을 파고드는 아티스트들의 모습 등은 획일적인 삶을 살아가는 대부분의 직장인들에게 재발견이라는 명제를 느끼게 한다.

한여름 폭염 속에서도 언제나 정장을 차려 입고 중절모를 눌러쓴 채 명동 거리를 어슬렁거리던 시인 박인환의 죽음 뒤에, 그의 집에 쌀이 떨어진 줄 알게 된 후일담처럼 인생은 당장의 가치보다 더 숭고한 가치들이 충만한 가운데 유수와 같이 흐르는 시간이다.

쉼은 획일적인 일상을 돌아보고 재발견의 가치들을 수용하는 시간이다. 세상은 급변하고 있다. 선과 악이 공존하는 가운데 도저히 수용할 수 없는 변화들이 제 목소리를 높이는 시대를 살아가고 있다. 신본주의의 가치가 희석되고 부정될 때마다 쓰라린 가슴을 움켜지면서 하늘을 우러러야 하는 비애의 시대이다.

신앙생활에 대한 새로운 패러다임이 절실히 요구되는 시대에 우리는 서 있다. 꽃씨를 옮겨주는 바람처럼, 흩어짐을 통하여 복음을 확산시켜 오신 하나님의 순리를 역행하는 시대에 우리는 서 있다.

동성애자들은 거리로 뛰쳐나와 저들 목소리를 드높이고, 성도들

은 불신자들과의 혼인을 스스럼없이 행하는 망극의 시대에 우리
는 무감각한 자세로 서 있다. 하나님을 대적하는 자의 악령을 뒤
집어쓰고 불지옥을 향하고 있는 인생들과 혼탁하게 공존하고 있
다. 그들을 주도적으로 이끌어주지 못하고 오히려 그들의 세상 문
화에 녹아들고 있는 모습으로 주저앉아 있다.

분연히 일어나야 한다.
우리들은 심령이 가난한 자로 살아가야 할, 하나님으로부터 특별
한 은총을 받은 성도들이다. 세상과의 타협을 불허하고 자신에게
주어진 신앙의 능력을 발휘해야 할 하나님의 자녀들이다. 한국교
회는 물론 세계적으로 퇴보하고 있는 생명의 복음을 위하여 작은
밀알의 역할을 이끌어내야 할 책임과 의무가 있는 하나님의 백성
들이다.

여러 교회들이 기도원에서, 수련원에서, 연수원에서 뜨거운 기도
와 더불어 쉼의 시간을 보내고 있다. 성도들은 자신의 능력을 발
휘할 수 있는 사역 앞에, 새로운 목적을 이끌어내는 시간 앞에 서
야 한다.

수많은 개척교회들이 아기 울음소리가 들리지 않는 산골마을처럼
적막 속에서 탄식하고 있다. 성도들은 결단코 어느새 길들여진 익
숙한 환경들을 뒤로 하고 복음의 확산을 위한 밀알의 역할을 찾아
나서야 한다. 하나님과의 영원한 시간 앞에 담대히 설 수 있는 사

역의 환경을 찾아보는 쉼의 시간이기를 염원해 본다.

성도들의 쉼은, 생명이 다한 날 주어지는 하나님 나라에서의 특별하고 긴 포상의 시간이기 때문이다. 샬롬!

느림의 미학

거북이가 토끼를 이기는 동화는 바쁜 일상을 살아가는 현대인들에게 우스운 이야기일 수 있다. 학업, 직장, 육아에 매여 바쁜 일상을 살아가는 현대인들에게 논리적으로 맞지 않는 이야기일 수 있다.

그러나 선조들의 여름나기를 들여다보면, 느린 거북이가 토끼를 이길 수 있는 느림의 미학을 쉽게 예지할 수 있다. 운동화 끈을 질끈 동여매고 빠름으로 주어진 환경을 소화해내고 있는 현대인들에게, 헐렁헐렁한 고무신을 신고 느린 부채질로 여름나기를 하는 선조들의 모습은 낯선 풍경이 되었다.

휴가철이다.

일상을 떠나 쉼 없이 달려온 시간들을 돌아볼 수 있는 시간이다. 많은 사람들이 휴가지로 떠나고 있다. 다양한 레포츠들이 역동적인 즐거움을 제공한다. 스트레스를 해소하고 활력을 불어넣을 수 있는 휴가 문화의 다변화는 지친 현대인들에게 커다란 위안을 제공한다.

그러나 휴가가 끝나면 다시 일상으로 돌아가야 한다. 역동적인 휴가를 보내는 것도 가족끼리의 친화 등으로 의미가 있겠지만, 휴가가 끝난 후에 보람으로 남을 수 있는 의미는 고요함 속에서 얻게되는, 참된 자아와의 만남이다.

인생들의 삶은 대부분 의식주와 인간관계로 함축될 수 있는 범주에 예속되어 있다. 휴가 또한 사람 사는 이야기다. 의식주를 위한 노력의 대가와 아름다운 흔적을 남기기 위한 성실한 인간관계는 현대인들에게 중요한 존립 이유일 수 있다.

그러나 믿음의 성도들은 의식주에 제한될 수 없는 영역에서, 우리들을 인도하시는 분과의 특별한 관계를 돌아봄으로 배가될 수 있는 기쁨을 알고 있다. 성실한 인간관계를 형성하기에 앞서 특별한 분과의 관계를 바로 세울 때 새로운 활력이 충전되는 신비로운 섭리를 잘 알고 있다.

하나님과의 관계이다.

하나님과의 관계 회복은 참된 인생을 영위할 수 있는 시발점이다. 현대인들의 바쁜 일상은 자칫 영혼의 일탈을 무감각하게 방관할 수 있다. 영혼의 무감각은 소멸될 것을 소유하게 하고, 간직할 수 없는 것을 간직하려는 욕망으로 이어진다. 영혼의 무감각은 결국 망극이고, 망극의 심령은 일상의 바쁨을 당위성으로 내세우면서 축적된 비애이다.

인생들에게 삶은 소중한 시간이다. 다시는 돌아오지 않는 시간 속에서 삶의 시간은 흘러간다. 성도들은 알고 있다. 그리스도 예수께서 주신 영생의 생명들은 삶의 시간이 영원한 것을 잘 알고 있다. 인생은 결코 생로병사 속에서 일백 년 남짓 소멸되는 시간이 전부가 아니다. 신생아 분만실에서 지하 영안실까지의 시간이 인생의 전부가 아니다.

"한 번 죽는 것은 정하신 일이요 그 후에는 심판이 있으리라"

인생의 소멸은 곧 하나님의 심판과 더불어 영혼의 삶의 시작이다. 심판의 기준은 두말 할 나위 없이 예수 그리스도이시다. 인생의 끝은 영생이냐 영멸이냐가 결정되는, 찬란한 영화이거나 참혹한 형벌의 시작이다. 성도들이 하나님과의 소통의 시간을 가져야 하는 이유이다.

지구 온난화로 인해 여름이 길어진 환경은 인생들을 지치게 한다. 휴식이 필요하다. 이번 여름휴가는 느림의 미학을 실천해 보자. 정적인 것이 동적인 것을 능가하고, 느긋한 마음이 서두름을 지배하는 영혼의 울림에 귀를 기울여 보자. 예수 그리스도와의 동행의 시간은, 성도들에게 소중한 영생의 기쁨을 돌아보게 함으로 새 힘을 공급해 줄 것이다.

인생의 참된 소망을 제시하시는 예수 그리스도의 음성을 듣는다면, 그곳이 어디이든지 성도들만이 알고 있는 최상의 피서지이다.

숲

녹음방초(綠陰芳草), 여름이다.

매미 소리 정겹다.
긴 세월을 땅속 애벌레로, 아주 미약하고 좁은 공간에서 마침내
땅 위로, 나무로 날아올라 소리 높여 생명을 외치는 여름의 전령.

신록의 광대함으로 이룬 숲의 포용 속에서 여름은 계곡 물소리를
숨 가쁘게 토해놓고 있다. 눈 덮인 산야에서 잔뜩 옹크린 몸을 마
침내 일으킨 들꽃들의 수고와 이름 없는 초목들과, 새들과, 벌레
들과, 계곡 물소리 정겨운 숲속에서 우리들을 가두고 있던 도심의

숲을 바라볼 때, 하나님 면전을 바라볼 수 없을 만큼 망가져 있는 영혼의 울림이 메아리처럼 되돌아온다.

하나님을 저버리고 끌어안은 세상 물질, 어깨를 들썩이게 하는 욕망과 권위의 망상, 뽕나무에 오르지 못한 나약한 믿음, 안일함 속에서 행한 형식적인 예배와 기도, 철새처럼 날아 앉은 나그네 교인, 불나방처럼 모였다가 당장 산화할 것 같은, 사역 없는 신앙의 숲은 신음소리마저 내지 못한 채 환우(患憂)가 깊어 있다.

물장구치던 여울, 나지막한 야산과 들녘, 마을 소들에게 풀을 먹이던 초지에서의 나른한 오후, 모깃불을 피우고 마당 멍석에서 먹던 밀장국의 시골 마을은, 지금도 어느 집 굴뚝에서 연기가 피어날 것 같은 추억의 숲으로 정겨운데 우리들의 영혼은 벌목으로 숲을 잃은 황량한 산야와 같다.

삶은 숲이다.
좋은 기억과 나쁜 기억으로 지나온 추억의 숲, 교육과 절제와 자성으로 성장시킨 인격의 숲, 그릇된 이기와 아집을 걸러 준 정화의 숲, 사상과 관념이 다른 사람들과의 공존의 숲, 다가갈 수 없는 사랑과 이별의 숲, 다가가서는 안 될 욕망의 숲, 대립의 숲, 세상은 온통 숲이다.

국민들에게 듣기 좋은 말과 환심 사기에 급급한 정치인들의 감언이설이 가시넝쿨을 이룬 불신의 숲에서, '교회 밖에는 성도가 없다' 는 조롱이 떠돌 만큼 성도들의 타락은 불신의 세상 욕망과 뒤엉키어 파멸의 숲을 형성하고 있다. 영생 얻은 씨앗을 성장시켜 감사의 숲을 이루는 기쁨을 기대할 수 없다.

별이 쏟아진다.
별은 거울이다.
그리스도 예수께서 주신 영생의 씨앗을 성장시키지 못하고 있는 모습이 실망스럽게 비춰진다.

여름밤이 깊어간다.
풀벌레 소리, 물소리 정겹고 그윽하다.

숲으로 별빛이 내려앉는다.
별을 지으신 그분의 넉넉한 우주의 숲을 바라보아도 영생 얻은 은혜의 숲은 황폐한 모습 그대로이다.

얼핏 당나귀를 탄, 예수 그리스도를 닮은 검은 실루엣이 스쳐간다.
보는 사람은 아무도 없다.
우리들의 영안은 온갖 욕망의 숲에 가려져 아무 것도 볼 수가 없다.

월복(越伏)

여름 무더위가 극렬하다. 지구 온난화로 열대야의 밤이 지속되고 있다. 삼복(三伏)이다. 여름 날 중 가장 더운 시기를 삼복 또는 삼경일(三庚日)이라 한다. 삼복은 초복, 중복, 말복을 일컫는다.

초복은 하지(夏至)로부터 세 번째 경일(庚日)이고, 중복은 네 번째 경일, 말복은 입추(立秋)로부터 첫 번째 경일이다.

흔히 태음력으로 알고 사용하는 음력은, '태음태양력'을 칭하는 말이다.
태음력은 달의 삭망 주기로, 29일과 30일을 교대로 나타내고, 24절기는 태양을 중심으로 한 계절의 변화를 나타내는 것이기 때문에, 우리가 알고 있는 음력은 태양을 중심으로 한 태양력과 태음력을 혼합해서 사용하고 있는 것이다.

과학의 발달을 통해, 태양력은 1년이 365.2422일, 달의 한 달 삭망 주기는 29.553059일임이 입증되었다. 우리가 사용하고 있는 시간과 차이가 있다. 이러한 차이 때문에 태양력은 4년에 한 번씩 2월을 29일로 하는 윤년을 두게 되었고, 태음력은 태양력과 1년에 11일 정도, 3년에 32일 정도 차이가 발생하는 것을 19년에 7번의 윤달을 두어 태양력과의 차이를 줄였다.

참으로 경이로운 선조들의 과학적 지혜다.
음력은 달의 모양에 따라 날짜를 가늠할 수 있고 밀물과 썰물의 정보를 쉽게 알 수 있기 때문에, 농·어업 같은 1차 산업 사회에서는 상당히 유용한 정보를 제공하므로, 동양은 물론 고대에서는 서양에서도 널리 사용되었다.

삼복의 복(伏)은, 사람(人)과 개(犬)의 합자로, 너무 더워서 사람도 개처럼 엎드린 채 헐떡인다는 뜻이다. 삼복의 유래는 고대 중국에서 왔지만, 우리나라에서는 여름철에 허약해진 몸을 보양한다는 의미로 사용되고 있다. 다양한 보양식으로 더위를 이길 힘을 배양한다.

2016년에는 월복(越伏)이 들었다. 복날은 열흘 간격으로 오기 때문에 초복에서 말복까지는 20일이 걸린다. 말복은 입추 뒤 첫 경일이기 때문에 흔히 달을 건너뛰게 된다. 초복, 중복, 말복이 같은 달에 들어 있지 않고 말복이 달을 건너뛰면 월복이라 한다. 월복이 되면, 말복은 중복 뒤 10일 만에 오지 않고 20일 만에 오게 된다. 그만큼 더운 날이 많아진다는 의미이다.

삼복 때가 되면 더위가 절정에 이른다.
학생들은 방학 기간이고, 직장인들은 휴가를 통해 가족 간의 피서를 계획하는 시기이다. 더위를 피하는 방법은 다양하다. 시원한 계곡과 광활한 바다는 물론, 낯선 곳으로의 여행, 즐거운 놀이, 재능 기부, 나눔과 봉사, 독서 삼매경, 이열치열 등의 다양한 방법으로 더위를 넘길 수 있다.

그러나 피할 수도 없고, 넘어설 수도 없는 일이 있다. 모든 인생들이 지니고 있는 죽음이다. 하나님께서 흙으로 인간을 지으시고 그 코에 생기를 불어 넣으셔서 생령(生靈)이 된 인간이다. 인간만이 영혼이 존재하는 피조물이다.

"한 번 죽는 일은 정하신 일이요 그 후에는 심판이 있으리라"

죽음은 끝이 아니다.
영생이냐 영멸이냐를 결정하는 시작이다.
심판의 기준은 두말 할 나위 없이 예수 그리스도이시다.

인생들은 반드시 하나님의 심판과 더불어 지옥 멸망을 피해야 한다.

지옥 멸망의 길을 피할 수 있는 길이 있다.
예수 그리스도께서 말씀하신다.

"나는 부활이요 생명이니 나를 믿는 자는 죽어도 살겠고 무릇 살아서 나를 믿는 자는 영원히 죽지 아니하리라".

세상은 타락일로를 치닫고 있다. 동성애자들은 거리로 쏟아져 나오고, 물질만능주의와 인본주의가 만연한 세상 가치관은 목회자들마저 우상숭배 수준의 탐심 속에 빠뜨리고 있다.

월복이 들면 더위가 극심하다. 월복의 월(越)은 '넘어갈 월'이다. 극심한 더위를 이기는 지혜 앞에 유월절(逾越節)의 의미가 가슴을 울린다.
유월절은, 하나님께서 애굽의 모든 장자(長子)들을 죽이면서, 이스라엘 백성들의 집에는 어린 양의 피를 문설주에 바르게 하여 그 표시가 있는 집은 그냥 지나치신 날이다. 하나님의 진노가 넘어갔으므로 생명을 보존할 수 있었던 특별한 은혜의 날이다.

유월절의 의미를 우직한 믿음으로 되새겨야 할, 월복이 든 여름날이다.

힐링(healing)

미자립 교회들의 여름나기가 힘겹다.

폭염이 연일 기승을 부리는 가운데, 소수의 성도들을 대상으로 여름 행사를 계획하면서도 주저할 수밖에 없는 미자립 교회 목회자들은, 폭염과 더불어 어려운 재정 형편 앞에서 이중고를 겪고 있다.

미자립 교회 목회자들에게 '힐링'의 환경이 절실히 요구되는 이유이다.

어려운 목회 환경을 잠시 잊고 목회자 자신을 돌아보는 시간이기를 갈망하면서, 경기도 포천의 산정호수 근처에 미자립 교회 목회자들을 위한 2박 3일 힐링 캠프를 마련했다.

그리스도 예수께서 열어놓으신 천국 문을 안내하는 목회자들이, 어려운 목회 환경을 딛고 새 힘을 충전하길 바라면서 마련한 작은 나눔의 자리이다.

힐링(healing)의 뜻은, '치유되다, 치료하다, 낫다' 등으로 표현되는, 몸과 마음의 치유를 일컫는 말이다.

예수 그리스도께서 "수고하고 무거운 짐 진 자들아 다 내게로 오라 내가 너희를 쉬게 하리라"고 말씀하셨다. 성도들에게 힐링의 대안은 궁극적으로 예수 그리스도께서 제공하시는 평안을 공급받는 일이다.

목회자들은 다 알고 있다. 귀에 옹이가 박히도록 들은 말씀이다. 온 몸을 전율하면서 받은 사명이다. 때로는 박장대소하고, 때로는 대성통곡하며 조석(朝夕)으로 묵상하고 있는 절대자의 음성이다. 그러면서도 육신의 고난으로 다가오는 삶의 무게 앞에 고개를 숙일 수밖에 없는 목회 환경은 미자립 교회 목회자들을 지치게 한다.

그리스도 예수와의 온전한 동행을 꿈꾸는 심령 위에, 바윗돌 같은 삶의 무게가 목 근육을 우그러뜨릴 때가 다반사이다. 신실한 일꾼은 고사하고, 교회당 훤한 자리 한 석이라도 채우고 있던 성도들마저 산으로 바다로 휴가 중인 여름 한복판이다.

십일조를 실천하는 신실한 성도들이 점점 줄어들고 있는 신앙의 어두움은, 미자립 교회 목회자들을 열악한 직업 전선에 뛰어들게 하고 있다. 처자식을 먹여 살리기 위한 가장 노릇까지 해야 하는 등짐을 진 채 눈을 뜨면 닭똥 같은 눈물만 거푸 삼켜야 하는 극한의 세월이다.

사례비는 고사하고 4주간의 주일성수가 끝나면 지불해야 하는 교회당 임대료와 각종 공과금은 목회자들의 심령을 암울하게 한다. 이단을 배척하고 영생의 참된 믿음을 생성시켜 줄 수 있는 성령 충만의 심령은 점점 요원해지는 악순환의 환경이다.

그래도 웃자. 기쁨을 유지하자. 영생 얻은 기쁨만 생각하고 웃자. 기가 막혀도 웃고, 참담해도 웃자. 그래서 항상 기뻐하라고 말씀하셨나 보다. 삶이 별 것이랴. 목숨 붙어 있으면 삶이고, 영생 얻었으면 한 번 주어진 소중한 일생 중 진한 쾌거인 터, 살면 좋고 죽으면 더 좋은 목회자들 아니런가.

힐링 캠프 모임 시간이 되었다. 2박 3일 쉼을 통하여 물놀이도 하고, 윷놀이도 하고, 족구도 하고, 동시대를 걷는 목회자들끼리 애환도 토로하고, 동질감을 느끼면서 힐링하기를 진심으로 바라는 마음이다.

힐링 캠프에 참가한 목회자들이 짐을 내려놓고 성전으로 모인다.

모임을 허락하신 하나님께 감사의 예배를 드린다.

부르짖는 통성기도, 열정적인 찬양이 울려 퍼진다.

역시나 목회자들이다.

앉으나 서나, 집에 있으나 교회에 있으나, 안으로 들어서나 밖으
로 나가나, 어디를 가나, 목회자들의 힐링을 위한 '자기 회복 콘덴
서(self healing capacitor)'는 그리스도 예수뿐이다. 할렐루야!

지리산행

사고가 생겼다.

뒤처지던 남자가 실족을 했다.
앞서 걷던 여자가 돌아온다.
실족한 남자는 십여 미터 바위 아래에서 연신 신음소리를 낸다.

떨어진 곳이 풀숲이라 다행이다.
허리를 다친 모양이다.
구조대를 기다리는 여인 곁으로 등산객들이 모인다.
손을 잡고 가셨어야지요?

깊은 숨을 몰아쉬고 여인은 덤덤하게 말을 꺼낸다.

어쩌면 손을 놓고 따로따로 걸었던 우리가 진실에 가까운지 모릅니다. 손을 잡고 걷는 많은 사람들이 모두 손을 잡은 만큼 서로에게 진실할까요?
제가 보기에는 진실하지 못한 마음을 숨기고 있거나, 진실하지 못한 서로의 격간을 통념 속에 가둔 채 가식적인 습관으로 손을 잡고 걷는 사람이 대부분이라고 생각합니다.

그래요, 우리는 때때로 가장 가까운 사람 앞에서 진실하지 못할 때가 많습니다. 쓸데없는 환경을 수용하고 있거나, 버려야 할 것들을 버리지 않고 있거나, 실행해야 할 일들을 실행하지 않고 있는 과정들을 고뇌하는 경우가 많습니다.

스스로가 고뇌의 진원지이면서도, 문제의 원인이 타성적인 환경 때문인 것처럼 핑계대고 모순의 당위성을 구축하면서 살아가지요. 자신이 설정해 놓은 가상의 당위성으로 자신의 허물까지 덮어버리려는 억지 속에 살아갈 때가 많습니다.

위험이 따를 줄 알았습니다.
그러나 우리는 손을 놓고 걷는 것을 선택했습니다. 진실을 선택했지요. 어쩌면 가식적일지라도 손을 잡고 걷는 것이 효과적일 수 있습니다. 그러나 생각은 고립될 것입니다. 각자 걸을 때 생각은 풍요롭습니다. 그 또한 외부의 개입이라면 더욱 커다란 고립이지만 말입니다.

분명한 사실은, 우리 또한 정상에서 손을 잡기로 약속을 했습니다. 목적은 같은 것이었지요. 생각은 비슷한 범주 속에 있었지만, 실천하는 방법의 차이랄까요?

시작부터 우리는 다른 연인들보다 힘들었던 건 분명합니다. 산행을 포기할 수도 있는, 단약수 같은 과거의 집착들이 각자에게 많이 남아 있었지요. 어쩌면 산행을 왜 계획했는지 명분까지 망각될 정도로 서로가 다른 환경에 흡착되어 있었습니다.

결국은 한 사람이 먼저 미숙한 상대를 수용하거나 한 사람이 죽어야만 소멸될 수 있는 의식의 차이가 고립으로 이어진 겁니다. 서로가 과거의 습관이나 의식에 대하여 기꺼이 수용할 수 있는 애정이 생성되지 않았다면 손을 잡지 않는 것이 진실 아니겠습니까?
손을 놓고 걸었던 건 지금의 환경에서 최선의 진실을 선택한 셈이지요.

우리들의 미래가 어느 연인들보다 아름다운 동행이 될 수도 있습니다.
진실한 시작을 했으니까요.

실족은 산행의 끝이 아닙니다. 위선을 숨긴 채 손을 잡고 있는 사람들보다, 진실한 시작 앞에서 함께 한 처절함이 가슴에 남아 있으니까요.

사고는 언제나 있습니다.
우리들은 모두 사고의 인자 속에서 살아갑니다.

지리산이요?
또 와야지요. 언제가 될지 모르지만 반드시 정상에서 손을 잡을 수 있을 겁니다.

세석평전.
실족한 남자를 후송하기 위한 헬기가 세찬 회리바람을 모은다.
주홍 원추리 꽃이 땅끝까지 허리를 비틀다가 이내 멀어지는 헬기를 바라보며 몸을 일으킨다.

지리산은,
여전히 지리산이다.

하산(下山)

산행에 필요한 배낭 짐을 꾸린 지 두 주일이 지났다. 주일예배로 시작되는 일주일의 꽉 찬 일상 속에서 무탈하게 산행을 계획한다는 자체가 무리일 수 있다. 일상의 시간과 느닷없이 닥치는 애경사는 언제나 산행의 발목을 잡는다.

그래도 올 여름에는 꼭 산행을 강행할 심산이다. 지리산을 함께 오르던 학창시절을 기억하며, 통천문(通天門)에 묻어 둔 10원짜리 동전을 어느 동창이 먼저 와서 꺼내 보았을까 들춰보고 싶다. 벌써 35년이 지난 세월이다.

젊음만 믿고 준비 없이 오르다가 염분 부족으로 쓰러졌던 지리산이다. 입 주변이 엉망진창이 되도록 소금을 먹여 준 산행 고수의 도움으로 의식을 회복했던 기억이 아직도 선명하다.

배낭을 꾸린 지 세 주일이 지나서야 밤 열차에 몸을 실었다. 서울역 대합실의 열기를 지나 열차의 규칙 음에 체면이라도 걸린 사람처럼 아련히 눈을 감기까지, 무엇을 위한 인고인지 분간할 수 없는 시간들이 저마다 당위성을 앞세워 다가온다. 그럴 때마다 고개를 흔들며 밤을 지났다. 다람쥐 쳇바퀴 도는 듯한 일상들이 하나둘씩 먼지처럼 사라진다.

결국 산행을 위한 준비는 필요한 도구들을 챙기는 것이 아니라 불필요한 시간들을 털어내는 비움으로 시작된다는 것을 인식하면서, 한결 가벼워진 마음으로 등산로 입구에 도착했다. 손에 잡힐 듯 가까이 내려앉은 별들은 밤을 지새운 진한 수다도 부족한 양 아직까지 여명을 딛고 모여 있다.

헤드랜턴을 켜야 등산로가 보이는 새벽 미명이다.
광폭한 물소리만 고요를 업신여기는 듯 큰소리를 치며 흐른다.
헤드랜턴의 불빛을 따라 한 시간여를 오른 너럭바위에서 동이 트는 붉은 하늘을 마주한다. 산야가 단장한 맑은 얼굴을 드러낸다. 아름답고 숭고하기까지 한 산기운이 폐부 깊숙이 파고든다.

신록이 짙다. 진녹색 잎사귀들이 바람 한 결에 진한 숲 내음을 쏟아낸다. 계곡은 장마의 여파로 거센 물거품을 내뿜으며 대해(大海)로 향한 행군을 멈추지 않는다. 담소를 거슬러 오르는 물고기의 비상 위로 햇살이 눈부시다.

산길이 좋다.
정강이를 스치는 풀잎의 간지러움이 정겹다. 울창한 나무들이 성숙한 여인네의 육감처럼 저마다 긴 머리카락을 바람결에 나부낀다. 위풍당당한 바위가 숫사자의 위용으로 나앉아 나무들의 교태를 지긋이 바라본다.

숲과 계곡의 조화를 여유롭게 지나면서 다시 가파른 오르막이다. 숨이 턱까지 차오른다. 장송(長松)의 허리를 부여잡고 선 채로 거친 숨을 몰아쉰다. 그래도 좋다. 비 오듯 솟아나는 땀방울까지 정겹다. 바람이 스친다. 개운하다.

물 한 모금으로 가벼워진 발걸음을 재촉한다.
숲 사이로 언뜻언뜻 보이는 하늘은 아직 먼 정상(頂上)을 알려준다. 어느새 첩첩산중이다. 계곡물 소리가 끊어진 지 오랜 산길은 새소리가 무성하다. 큰 짐승이라도 뛰쳐나올 것 같은 잡목들 사이로 다람쥐가 연신 자리를 옮긴다.

바위를 둘러싸고 있는 소나무 군락 쉼터에 산객들이 모여 있다.
배낭을 내려놓으며 털썩 주저앉는다. 거친 숨을 몰아쉬는 눈앞에 어깨동무를 하고 있는 준령들이 산맥을 이루어 펼쳐져 있다.
아, 아름답다.
지극히 경이로운 아름다움이다.
주 하나님 지으신 모든 세계 ~ 찬양이 절로 나온다.

거친 숨이 잦아들면서 삶의 투영 속에 신음하던 지난날이 바람결에 묻어온다. 언제나 지나고 나면 회한뿐인 인생은 눈에 보이는 육신의 체감만을 위한, 부질없는 현실만을 고집했다. 과거를 돌이켜 보면 항상 그렇듯 관용적이지 못한 시간이고, 적절치 못한 대처 때문에 늘 안타까운 시간이다.

충분한 휴식을 취한 등산객들이 저마다 손을 입으로 모아 소리친다.
메아리가 아득히 멀다. 삶의 뒤안길도 산 깊은 메아리처럼 아름다운 돌이킴이기를 소망해 본다.

정상은 아직 멀다. 그러나 도착할 것이다. 설령 정상에 도착하지 못하더라도 산행의 의미는 이미 삶의 영역에 투영되어 있다. 그러므로 우리들의 삶은 과정이 전부다. 우리들의 목적은 이루기 위한 것이 아니라, 이루고자 하는 과정을 지나야 하기 때문에 과정 자체는 곧 결과일 수 있다.

때로는 목적을 망각할 수도 있고, 반드시 목적을 성취해야 할 이유 자체를 망각할 수도 있다. 그저 우리들의 삶은, 목적을 설정하던 그날들을 과정으로 여기며 숨을 쉬고 있다면 지금 이 순간까지는 분명히 생존이다.

더러는 부요하고 안락하고 싶은 욕망, 조금은 으쓱거리고 싶은 자만심, 누구에게라도 인정받고 싶은 명예, 빈곤과 궁핍 속에서도 최선을 다했노라 소리치고 싶은 열망까지 우리들은 죽음 문제를 해결해 주신 그리스도 예수 앞에서 고개를 들 수가 없다.

정상이다.
발아래 준령들이 아득하다.
천왕봉(天王峰)이라고 쓰인 바위에서 사진을 찍기 위해 등산객들이 줄을 서 있다.

이제 우리들은 하산을 해야 한다.
천왕봉이라는 바위를 조성하신 창조주께서, 삼천 층 그 하늘에서 모든 것을 다 버리고 조심스럽게 하산하라고 거듭 거듭 당부하신다.

하산은 배낭 짐이 가볍다.
많은 것이 필요 없다.
그리스도 예수께서 천국 생명책에 우리들의 이름을 기록해 주신 그날부터 우리의 삶은 하산의 과정이다.

쇠사슬

덥다. 무지하게 덥다. 여름 정중앙이다. 조금만 움직여도 땀이 비 오듯 흐른다. 차라리 더위를 즐겨 보자는 심사가 절로 난다.

사계절의 변화가 뚜렷한 나라에서 산다는 것이 얼마나 큰 행복이 랴.
여름에만 만끽할 수 있는 아름다운 행사들이 적지 않을 터, 큰마 음 먹고 자전거의 쇠사슬을 풀었다.

아파트 복도 계단에 일 년여가 넘도록 쇠사슬로 묶어두었던 자전 거의 먼지를 닦아내고, 바퀴에 바람을 넣기까지 사계절이 두 번이나 지났다. 자전거를 점검하는 내내 인생살이가 마치 쇠사슬에 묶여 있는 자전거와 같은 처지라는 생각이 뇌리를 떠나지 않는다.

자전거의 쇠사슬을 풀면서, 쌓인 먼지를 닦아내면서, 바퀴에 바람을 넣으면서, 체인에 기름을 바르면서 자전거에 오르기도 전에 숨이 턱에 차오른다. 정오의 불볕이 이글거린다. 아라뱃길 자전거 전용도로에 자전거를 타는 사람들이 북적거린다. 더위를 즐기는 사람들이 많아 놀랍다.

얼마를 달렸을까.
도시 근교에 이러한 자연이 있다는 것이 신기하다.
주말농장으로 분양이 되었는지, 작은 토지마다 줄을 둘러 저마다 이름표를 붙여놓았다. 오이, 토마토, 가지, 고추, 상추, 옥수수, 호박, 갖가지 채소들이 풍성하다. 원두막을 오르내리는 남정네의 어깨에 참외가 한 보따리다. 목청이 터져라 외쳐대는 매미의 우렁찬 생명이 하늘에 닿을 듯하다.

어디선가 모시옷을 입고 느린 걸음으로 산수 정자를 오르는 선비의 모습이 나타날 것만 같다. 흐늘흐늘 부쳐대는 선비의 부채가 벌레를 쫓고, 낮잠을 이끄는 산들바람에 짙은 신록이 청정 기운을 실어 나르는 듯하다.

인생들은 여러 가지 이유로 불편한 환경을 감수하면서 살아간다.

어쩔 수 없이 살아간다는 당위성들은 어쩌면 모두 쇠사슬일 수 있다. 그래서 모든 쇠사슬은 결국 원하는 결과가 아닐지라도 우리들은 일생 중에 스스로 채워놓은 쇠사슬들을 풀어내야만 한다.

질병의 쇠사슬, 욕망의 쇠사슬, 탐심의 쇠사슬, 인간관계의 쇠사슬, 수많은 죄업의 쇠사슬들을, 우리는 살아가는 내내 크고 작은 굵기의 쇠사슬들을 끊어내야만 한다. 어쩌면 인생은 스스로 묶어버린 쇠사슬들을 풀어내는 과정이 전부일 수 있다.

모든 문제는 반드시 해답이 있다. 문제를 풀어내는 순간부터 인생들은 그 문제로부터 자유로울 수 있다. 그러나 아무리 노력을 해도 풀 수 없는 쇠사슬이 있다. 죽음의 쇠사슬이다. 각고의 노력과 치밀한 계획으로도 일말의 가능성이 주어지지 않는 문제의 쇠사슬이다.

그러나 천만다행으로 죽음의 쇠사슬이 끊어졌다.
그리스도 예수께서 대속의 십자가를 통해 우리들의 죽음의 쇠사슬을 끊어주셨다. 그래서 우리들은 그를 신뢰하고, 그를 의지하며, 그를 믿음으로 화답하는 삶을 살아간다.

나이 탓일까.
오르막길이 너무도 힘들다. 젊은이들조차 느린 속도로 지그재그 언덕을 오른다. 속도가 줄어든 자전거는 이내 멈추어 버린다. 자전거를 끌어안고 쓰러진다. 무릎의 상처가 쓰리다. 다리가 후들거린다. 자전거를 끌고 언덕을 오른다.

오르막의 끝이 보인다.
도시의 얼굴이 한눈에 들어온다. 힘든 만큼 보람이 있다. 한강 줄기가 햇살을 받아 눈부시다. 아름다운 여름이다. 빠져버린 자전거 체인을 다시 걸고 이제 내리막길을 달려야 할 기대감에 새 힘이 솟는다.

가속이 붙은 자전거가 내리막길을 쏜살같이 내달린다.
자유다. 그리스도 예수께서 끊어주신 죽음의 쇠사슬로 인하여, 비로소 모든 것으로부터의 자유다.

시원한 바람이 너무도 좋다.
방만하게 살아온 지난날들의 쇠사슬이 투덕투덕 끊어진다.

우산

창을 열고 잠든 새벽바람이 이불자락을 쓸어 덮게 한다. 슬쩍 여
명을 틈타 귀뚜라미가 고개를 내민다. 잠시의 적막을 뒤흔들던 귀
뚜라미는 이내 고요하다.

그리고 맴맴.
아직은 인고로 얻은 매미의 삶의 찬미가 끝나지 않았다. 기세가
꺾인 듯싶은 여름 끝자락은 습한 기운을 한껏 품더니 추적추적 비
가 내린다.

가랑비.
천천히 고요히 조금씩 내리는 가랑비에 속살까지 젖는 것처럼 서

서히 파고든 세상 욕망으로 온몸을 적신 우리들의 자화상이 가엽다. 한바탕 허망한 외침과 욕망들로 망나니 춤을 추고 있는 듯한 우리들의 영혼이 애처롭다. 풍성한 먹을거리와 편리한 생활환경은 우리들의 영혼을 좀 벌레처럼 갉아먹었다.

가랑비의 씻김이 절실하다.
천상의 소망으로 살아가야 할 성도들이 세상 가치관에 흠뻑 젖어있다. 혐오스런 욕정들로 가득 채운 육신의 안락들을 가린 채, 숨한 번 크게 들이쉬고 내쉬면 다가올 천상의 환희마저 송두리째 내동댕이치고 사방팔방 탐심의 먼지를 일으키고 있다.

성도들을 이끌고, 예배 형식을 반복하고, 수많은 집회를 인도하고 있더라도, 번들거리는 의복과 재기 넘치는 입담을 쏟아내고 있더라도, 쓸어 담은 욕망의 물질들을 내려놓지 못하고 있는 목회자들의 허울 좋은 외침은 하나님의 긍휼을 벗어난, 하나님과 관계없는 허울의 삶이다.

스스로 빠져나온 죽음의 바다가 아니어서, 그리스도 예수께서 건져내신 참혹한 희생의 결과들이 그저 꿈같고 아련한 향수 같아서, 죽을망정 소유하고 싶은 물질과 명예와, 풍요와 안락의 대물림이 아니런가.

이미 영원한 멸망을 끌어안은 삯꾼 목자와 그를 따르는 추종자들

의 무덤이 되어버린 교회당. 천국을 왜 좁은 문이라 말씀하셨는지
알 듯도 하다.

돌담길 담쟁이가 비에 씻겨 진초록이다.
회개의 눈물로 세상 욕망을 씻어낼 때 진초록의 영생 얻은 기쁨은
드러난다.

버스정거장.
아버지께서 우산을 들고 서 계신다.
속옷까지 다 젖으면 우산이 무슨 소용이랴.
빨리 오라 소리치신다.

가을비가 눈썹을 넘는다.
눈물인지 빗물인지 영생 얻은 은혜가 사무친다.

황혼(黃昏)

시작이 있으면 끝이 있다.

원인이 있으면 결과가 있듯, 인생은 신생아가 노인이 되는 여정이다.

한 알의 밀알이 썩어야만 새로운 생명체가 번식되는 것은 자연의 순리이고, 순리를 형성하신 창조주의 섭리로 자연은 순환한다.

인생 또한 순리의 정중앙에 서 있는 자연이다.

모든 인생들에게도 해질녘 하늘빛과 같은, 피할 수 없는 시간이 도래한다.

황혼이다. 청춘들이야 상상할 수 없는 시간이다. 주름진 얼굴, 늘어진 피부, 책임과 의무 속에서 버둥댄 과거의 등짐마저 내려놓지 못한 채, 삶을 위한 삶만을 지탱하고 있는 패기 없는 사람들의 시간이다.

그러나 이제 얼마 남지 않은 자투리 시간이나마 자신을 위한 삶을 살겠노라고 적극적인 활동으로 주변 환경을 변화시키고 있는 황혼들이 늘어나고 있다. 황혼 이혼이 그렇다. 성장한 자식들이 저희들의 삶을 찾으면서, 가치관이 다른 상태로 버텨오던 부부의 명분은 당위성을 잃고, 가슴 깊이 감추어둔 인고의 주머니를 열어젖힌 부부들이 황혼 이혼을 통해 새로운 가치 실현을 꿈꾸고 있다.

황혼 이혼은 새로운 인생관을 형성시키는 첫 번째 실천 요인으로 결행되고 있다. 고전적 사고를 과감하게 벗어던지는 황혼 이혼은, 한 번뿐인 일생의 소중한 가치 실현을 당위성으로 점점 늘어나고 있는 추세이다. 다양한 분야의 사회 참여로 기쁨과 보람의 삶을 영위할 수 있는 환경이 황혼 이혼에서부터 발휘된다는 새로운 가치관 때문이다.

필자 또한 이미 황혼 대열에 합류하여 물결 따라 흐르는 세월이 되었다.
언제부터 해질녘 하늘색에 매료되기 시작했는지 기억은 없다. 그저 귀밑머리가 희어지면서부터인가 싶다. 일상생활 속에서 건망증이 뚜렷하게 나타나면서부터, 신호등의 초록불이 꺼지지 않았어도 달려갈 엄두를 내지 못하면서부터 쉼을 찾고자 하는 발걸음은 언제나 서해바다 끄트머리를 향한다.

30대, 40대, 50대도 인생 여정 중 노인이 되어가는 시간 안의 쇠퇴기이지만, 자녀 교육 등과 같은 책임과 의무를 다해야 하는 환경으로 인하여 늙어간다는 시름을 느낄 시간이 없을 뿐이다.

그러나 60대가 되면, 돌아보니 참으로 수고하고 무거운 짐만 잔뜩 짊어지고 지나온 세월에 대한 안타까움과, 초로의 회환 앞에 만져지는 씁쓸한 자화상을 인정해야 한다. 백 세 시대가 되었다고 노년을 보내는 이들의 열정과 지혜가 거침없이 발휘되고 있지만, 성경은 강건해야 팔십이라고 인생의 여정을 일축하고 있다.

노인.

서글픈 마음을 삭히기에 좋은 말로 표현하자면, 범사에 여유가 생겼다고 자위하고 싶다. 극한 대립을 피하고, 울분을 삭이는 자제력과 갈등과 반목 앞에서 그저 허허실실 쓴웃음으로 가리고 마는 움츠림은 곧 여유로움이다.

그러나 분명한 현실은 나약함과 느림이다.

노인은 모든 사고와 행동이 느리다. 걸음걸이가 느리고, 분별이 현명하지 못하고, 이해력이 턱없이 부족하며, 진취적인 기상은 먼 옛날이야기이다.

성경은 노인을 서운하게 하지 말라고 교훈하고 있다.

인생은 누구나 노인이 되기 위한 학습의 시간을 걷고 있기 때문이다. 시위를 떠난 화살과 같이 빠른 세월 속에서 노후를 준비하는 것 또한 삶의 일부이다. 가장 중요한 것은 짧은 삶과 비교할 수조차 없이 긴 죽음의 시간이다. 그러므로 사후의 준비는 삶의 가장 소중한 가치이다.

황혼의 아름다움은, 성취하고 싶은 것을 위해 경험하고 도전하는 행동적 실천이 아니라 죽음을 위한 준비를 해 놓고 그윽한 소멸을 꿈꿀 때 비로소 빛을 발하는 아름다움일 수 있다.

석양, 노을, 낙조, 황혼은, 늙음과 소멸의 결말이 아니고 새로운 도약의 초석이다. 황혼뿐 아니라 죽음을 지닌 모든 인생들은 죽음을 위한 준비 안에서 자유롭다.

죽음을 위한 준비는, 예수 그리스도를 믿는 믿음으로 주어지는 은혜의 영생 한 가지뿐이다. 이를 모르면 부질없이 떡국만 먹은 세월이 황혼이다.

아기 울음

노인들만 남아서 고향을 지키는 농어촌 풍경은 이제 전혀 낯설지
않다.
젊은이들이 떠난 시골 마을은 적막강산이다. 어디이고 아기 울음
소리가 들리지 않는다. 아기 울음이 들리지 않는다는 것은 미래가
없다는 의미와 같다.

그러나 다행스럽게 요즈음 젊은이들의 귀농이 늘어나고 있다고
한다. 은퇴 후의 노년을 보내기 위한 귀촌이 아니라 젊은이들의
귀농은 마을 공동체를 형성하고 특산물을 개발하고 판매하며 생
산성을 극대화시키는 직업의 공간으로 자리 잡고 있다고 한다.

귀농을 선택한 젊은이들은 마을 환경을 개선하기 위한 사업으로

나무를 심고 꽃길을 조성하면서 새들이 날아들고, 하천을 정비하여 메기, 꺾지, 불거지 등 토종 물고기들이 돌아올 수 있는 환경을 조성한다. 바람직한 귀농 현상이다.

한국교계의 위기 상황 또한 마치 젊은이들이 떠난 시골 마을의 적막강산과 같다. 한국 교계의 영적 어두움은 하루아침에 이루어진 환경이 아니다. 영적으로 살아가야 할 목회자들이 하나님의 진노를 망각하고 성도들을 속이면서 육신적으로 살아온 죄상의 세월이었음이 여실히 드러나고 있다.

교회당을 육신의 안락을 위한 물질 축적의 수단으로 여기며 살아온 목회자들의 타락과 헌신 없는 성도들의 안일한 신앙관이 묵시적 야합으로 공존하면서 오늘날의 참담한 영적 어두움을 도래시켰다.

목회자들은 교회당마저 육신의 안락을 보장할 수 있는 물질로 삼았으며, 성도들은 대형교회의 무리 속에서 영적 어두움을 숨긴 채 형식적이고 허울 좋은 외형적 신앙생활만을 되풀이하고 있다.

아기 울음소리가 멈춘 시골 마을처럼 한국 교계의 미래는 온통 어두움이다. 중견 교회까지 교회당을 대물림하는 타락은 이미 물고기가 살아갈 수 없는 썩은 하천과 같다.
일부 대형교회들이 수양관, 연수원, 제자훈련원 등을 빙자하여 부동산 투기에 열을 올리고 있고, 교회당을 자녀들에게까지 상속하는 죄악을 관행으로 여기는 한국교계는 썩은 기둥 위에 세워진, 교회당이 아닌 건물일 수밖에 없다.

국가의 실정법에 의해 실형을 선고 받은, 타락한 유명 목회자들이 주관하는 집회 광고가 여전히 신문 지면을 뒤덮고 있으나 그들의 진정한 회개나 공식적인 사과문은 접할 수 없다.

예수 그리스도께서 피 흘려 세우신 성전이라면 마땅히 지역 교회로의 분산을 과감하게 실천해야 한다. 개인의 교회라는 인식을 버리고 비대해진 본 교회를 지역교회로 나누고 개척교회를 지원하는 일은 어려운 결단이 아니라 당연히 실천해야 할 사명의 일부이다.

아기의 울음소리를 듣고 싶다.
개척교회를 돕는 일꾼들이 분연히 일어나기를 소망한다.
그래서 개척교회의 입당예배가 성전을 건축하는 건축예배보다 더 숭고하게 인식되어지는 풍토가 조성되기를 열망한다.

그래서 아기의 울음소리가 개척교회 곳곳에서 들리기를 기대한다.
개척교회의 아기 울음소리는 입이 찢어져라 웃을 수 있는, 하늘 소망을 이루는 기쁨의 송가(頌歌)이다.

영혼 목욕탕

추적추적 가을비가 내린다.

이내 찾아온 어둠의 창가에 서서 차분함을 느끼는 마음이 왠지 낯설기만 하다. 쉼 없이 달려온 시간들이 허망하다. 실수투성이다. 이기심을 감추고 행한, 진실하지 못한 언행들이 고개를 숙이게 한다.

거친 광야 같은 세상 속에서 경쟁해야 하는 인파들의 소용돌이와, 이내 썰물에 밀려 모래사장에 나뒹구는 해초의 모습과 같은 음지의 사람들이 안타까운 마음을 파고든다.

돌이켜 보면 지나온 시간들은 허물뿐이다.

아브라함의 고향인 갈대아 우르와 젖과 꿀이 흐르는 축복의 땅인 가나안 사이에서 잘못 꾸린 인생의 봇짐을 풀어헤칠 자신이 없다. 그래도 풀어 헤쳐놓고 다시 봇짐을 꾸려야 하는가. 새로운 것을 꿈꾸려면 미련과 연민, 해후와 인연, 그리고 배신일 수 있는 단절들을 수용해야 한다.

그래서 가을비는 돌아봄이다.
가을비는 스승과 같아 실수투성이로 지나온 과오들과 탐심으로 밀어붙인 욕망들을 도리질 치게 한다.

'돈을 잃는 것은 적은 것을 잃는 것이요, 명예를 잃는 것은 많은 것을 잃는 것이요, 건강을 잃는 것은 모든 것을 잃는 것이다' 는 격언에 대하여, 물질이 있어야 명예도 지킬 수 있고 건강도 지킬 수 있다고 항변하는 세상풍조 속에서 영혼은 군더더기로 굳은살이 박여 있다.

물질만능주의가 팽배한 사회에서 경쟁해야 하는 현대인들의 의식은, 영혼에서 비롯되는 도덕률의 부재까지 감수하면서 이기적인 안락을 위해 안간힘을 쓰고 있다.

"내가 내 영혼에게 이르되 영혼아 여러 해 쓸 물건을 많이 쌓아두었으니 평안히 쉬고 먹고 마시고 즐거워하자 하리라" (눅 12:19)
물질이 일만 악의 뿌리임에도 불구하고, 육신의 극한 피로는 물론 타인의 눈물을 짓밟으면서까지 얻으려는 물질이다. 어떠한 희생을 치르더라도 소유하고 싶은 물질이다. 그래서 안락하고 느슨한 삶을 살아보리라 염원하는 물질이다. 세상 물질관은 교회당까지 잠식한 지 오래이다.

목회자들의 드러난 타락의 공통점은 물질 축적이다. 교회당을 대물림 하는 행위를 비롯하여, 서슴없이 음란을 자행하고, 보잘것없는 명예를 위해 추잡한 뒷거래까지 불사하는 중심에는 물질 축적이라는 탐심이 버티고 있다.

물질 축적은 진정한 회개를 동반할 수 없는, 최악의 죄의 사슬이다.
실형을 선고받고도 여전히 이런 대회, 저런 세미나, 그런 집회들을 주도하고, 대회 고문이랍시고 떠들고 다니면서 조금도 토설해 내지 않고 있는 추악한 물질이다.

물질 축적의 덫은 삭개오와 같은 토설만이 족쇄를 풀 수 있는 진정한 회개의 열쇠이다.

"하나님은 이르시되 어리석은 자여 오늘밤에 네 영혼을 도로 찾으리니" (눅 12:20)

하나님께서는 인간이 소유하고 싶은 세상 물질보다 목숨이 중함을 분명히 경고하신다. 생명의 주인은 자기 자신이 아니라 하나님이시다. 하나님께서 오늘 생명을 허락하지 않으시면 불고의 객이 되는 인생들이다.

깊어가는 사색의 계절, 가을이다.
목회자들이나, 평신도들이나 하나님을 향한 헌신을 계획하고 실천하기 이전에 진정한 교회의 본질을 유념해 보는, 영혼의 소리가 들리는 곳으로 다가갈 수 있는 계절이다.

교회는 항상 정화된 물을 공급해야 하는 목욕탕과 같다.
물질의 풍요가 영혼마저 마비시켜 버린 세상 풍조 속에서, 탐심과 욕망의 허물을 씻어주고 새로운 다짐을 굳게 하는 영혼 목욕탕이다.

영혼 목욕탕은, 쉼을 통해 인생의 시간을 똑바로 바라볼 수 있는 안식처이다. 육신의 제한된 시간을 망각하고 달려온 인간들에게 죽음 후의 시간들을 인식시켜 주는 영혼의 수리점이다.

영혼 목욕탕은 진정한 삶의 의미들을 재조명할 수 있는, 돌이킴의 미학을 가르치는 시간을 부여한다. 누구나 한 번쯤은 한 주간의 규칙적인 시간을 거스르는 여행을 계획하고 잠행을 그려보며, 혼자만의 시간을 꿈꾸었을 일탈의 시간이 있다.
그러나 하나님의 시간 안에 사는 성도들은 십자가의 시간으로 기뿜을 배가시키는 평안을 알고 있다. 가을비 한 자락을 천상의 소망으로 맞으며, 하나님의 용서와 희생, 사랑의 실천과 은혜로 주신 영생의 기쁨으로 우산을 펼 수 있는 안식을 알고 있다.

오늘은 영혼 목욕탕에서 예배를 마치고, 육신의 때 빡빡 밀어대는 불가마 목욕탕에 가야겠다.

나를 위한 기부

풍요 속의 빈곤을 느끼는 사회는 건강하지 못하다. 사회 전반을 장악했던 공권력을 타파하고 각계각층에 만연된 독재적 악습들을 제거하기 위한 민주화 투쟁으로, 언론을 비롯하여 많은 부분에서 인권이 보장되는 사회가 이루어졌다.

각종 언론 매체를 통하여 대한민국에 대한 평가지수는 가히 놀라움을 금치 못할 만큼 성장했음을 알려주고 있다. 수출 물동량의 상향 그래프를 기준으로, 경제 성장률과 GDP 비율 등을 근거로, 선진국 대열에 합류됐음을 보도하고 있다.

신호체계를 잘 지키고, 범죄율이 줄어들고, 복지 정책이 확대 시행되는 등 가히 국가의 성장으로 인한 효과라고 자부할 혜택들이 많다. 그러나 선진국 대열에 합류하기 위한 대한민국의 문화적 현실은 그리 녹녹치 못하다.

예외 규정 없이 일괄적으로 집행되는 복지 정책은, 실제로 어려운 이웃과 노인들에게 혜택을 주지 못하는, 문서적 잣대로만 기준을 정해 놓고 집행되는 모순을 드러내고 있다.

입양에 대한 거부감으로 신생아들은 여전히 해외로 입양되고 있고, 헌혈에 대한 그릇된 편견과 육체에 대한 막연한 애착으로 위급한 환자에게 수혈할 피는 부족하고, 의술 연구와 고등 의료진을 배출하기 위한 실습용 시체까지 수입하고 있는 실정이다.

가장 큰 문제는 기부에 대한 인식이다.
선진국과 후진국을 구별할 수 있는 윤리 · 도덕적 기준율 중 가장 소중한 잣대가 기부 문화이다. 안타깝게도 대한민국의 기부 문화는 걸음마 단계를 벗어나지 못하고 있다.

헌 옷가지를 나누는 일도 기부이고, 자신의 재능을 대가 없이 실천하는 일도 기부이며, 헌혈도 기부이고 장기기증도 기부임이 분명하다. 그러나 사회 전반에 커다란 영향을 미치는 기부는, 생명을 유지하면서 일생동안 쌓은 유산을 사회에 환원하는 기부이다.

요즈음 유산 상속을 받고도 부모를 봉양하지 않는 자식을 상대로, 상속 재산 환원 소송을 제기하는 부모들이 늘고 있다는 소식을 들었다. 재산 상속 문제로 인한 형제간의 다툼 때문에 살인까지 저지른 패륜적 범죄들이 신문지상을 오르내린다. 기부에 대한 새로운 인식 전환이 절대적으로 요구되는 현상이다.

그러나 일부 목회자들의 타락은, 기부는커녕 자신의 목구멍에 넣은 하나님의 물질까지도 토설해내지 않은 채 여전히 집회 고문이랍시고 활개를 치고 있다. 목회자들의 타락은 기부 문화 확산에 커다란 저해 요인으로 작용하고 있다.

기부는, 기부로 인한 기쁨과 자부심이 부메랑과 같아서 결국은 기부 당사자가 수혜자보다 더 큰 기쁨과 평안을 소유하게 되는 아름다운 덕목이다.

유산 상속에 대한 인식의 변화는, 선진국 대열에 합류할 수 있는 최소한의 문화적 기준이며 가치이다. 기부는 특정 개인을 살리는 데 국한되지 않는다. 기부를 받은 수혜자는 또 다른 수혜자에게 도움을 주는 기부자로 성장하는 기부 문화의 확산으로 이어진다.

인간의 내면에 잠재된 선한 도덕률 중 가장 숭고한 덕목은 희생이다.
희생은, 자신의 시간과 목적, 이기와 편리 등을 포기하고 타인을 위해 헌신하는 선한 가치이다. 기부는 희생을 동반하지 않고는 실현될 수 없다.

독거노인 가정 돕기, 파산·파탄 가정 자녀 돕기, 청소년 고민 전문 상담사 양성, 불우 청소년 돕기, 대안학교 설립, 부적응 청소년 학교 설립, 장애 청소년 학교 설립, 입양 가정 지원 사업, 난치병·불치병 가정 지원 사업 등 많은 부분을 기쁨의 빛으로 바꿔야 하는 사회의 그늘이 너무도 많다.

기부는 풍요 속의 빈곤을 타파하고 함께 풍요를 누리는 화합의 덕목이다.

그리스도 예수의 십자가 희생으로 천국 열쇠를 부여받은 성도들은, 마땅히 희생의 도덕률을 실천하는 재산 기부에 앞장서기를 염원한다.

대청봉 산행

해마다 한 날 오르는 산, 설악산.
휘황하게 붉은 단풍잎의 철철 피 흘림으로 우리의 인생 또한 소멸의 여정임을 돌이키게 하는 산, 설악산.

비가 내린다는 일기예보를 등에 업고 배낭을 꾸린다.
새벽 산행의 필수품인 헤드랜턴을 점검하고 여유분의 배터리까지 챙긴다. 더운 물 한 소금 데울 취사도구를 챙기고 간식거리를 넣은 비닐 봉투를 여미는 손으로 지팡이를 접는다.

밤 시간에도 북적이는 강남 터미널, 밤 11시.

강원도 양양 행 고속버스에 올라 잠시 곤한 잠을 청한다.
새벽 3시에 열리는 설악산 오색코스 산행 길.

경사면을 오르기만 하는 힘든 코스지만, 가장 짧은 시간에 정상을
오를 수 있어서 많은 사람들이 당일 하산을 계획하고 새벽산행을
강행한다.

다행히 설악산은 비구름이 없다.
새벽 3시 30분 산행 시작, 헉헉 벌써부터 숨이 가쁘다.

헤드랜턴을 끄니 적막강산 칠흑의 어둠이다.
어스름 달빛 적은 하늘, 별 가까이 쏟아진다.
장엄하기까지 한 계곡 물소리 광활하다.

성도들의 찬양, 두 손 모은 그림자 새벽별에 매달린다.

오르고 또 오르기를 수십 번 반복한 인고. 굽이진 너럭바위에 앉
아 보온병 녹차 한 잔에 무상한 세월을 넘는다.

정강이가 무겁다.
허벅지가 저리다.
발꿈치의 경련을 녹인다.
물소리마저 끊긴 지 오래이다.

번갈아 발목을 흔들어 털고 스틱을 고쳐 잡고 오르고 또 오른 산.
드디어 안개 사이로 상고대 눈꽃이 형언할 수 없는 아름다운 미소
로 맞아준다.

육십년, 세월로 오른 산.
건강을 주신 분, 호흡을 멈추지 않게 하신 분, 오늘 한 날 일상을
내려놓을 수 있게 하신 분께, 세상 소욕 속에 신음하는 인생들의
안위를 간구하니 몰아치는 감사의 은혜가 빛으로 쏟아진다.

젖은 옷을 여미고 대청봉을 에워 싼 산객들의 남도 사투리 정겨운
입담으로 해가 솟는다.

산 능선을 지평으로 펼쳐놓은 바위, 대청봉.

대청봉을 지평으로 펼치신 창조주의 광대하심이여 !
오 할렐루야, 하나님 아부지 !

도리어

"갓은 군대의 추격을 받으나 도리어 그 뒤를 추격하리로다" (창 49:19)

갓에 대한 아비 야곱의 예언이다.

갓은 레아가 단산하였을 때 자신의 시녀인 '실바' 를 야곱에게 첩으로 주어 낳게 한, 야곱의 일곱 번째 아들이다. 이름은 '복됨', 즉 '행운' 을 의미한다.

갓에 대한 야곱의 예언을 세밀하게 들여다보면, '도리어' 라는 단어를 주목하게 된다. 갓에 대한 야곱의 예언은 추격당하는 상황에서 오히려 추격하게 되는, 역전의 정황을 묘사하고 있다. '도리어' 라는 단어가 앞뒤 정황을 바꾸어 놓는다.

'도리어' 라는 단어는 말씀과 말씀의 이음으로 단순하게 지나칠 수 있는 단어이다. 그러나 군대의 추격을 받던 갓이 오히려 군대의 뒤를 추격하는 인생으로 바뀌는 장쾌한 상황은, '도리어' 라는 표현 속에 함축되어 있다.

"자기가 시험을 받아 고난을 당하였은즉 시험받는 자들을 능히 도우시느니라" (히 2:18)

추격을 당하던 자가 '도리어' 추격하는 자가 될 수 있는 반전은, 인생에게 하나님의 개입이 동력으로 작용했기 때문이다.

인간의 완악함은 물질에 대한 애착으로 가득한 백척간두의 세상을 만들어 놓았다.
물질은 진실을 외면하고 거짓을 쌓게 한다.

"저희는 그 이웃에게 화평을 말하나 그 마음에는 악독이 있나이다" (시 28;3)

물질 축적은 선한 목적을 이룰 수 있는 시간을 악용하여 마음속에 감춘 악한 목적을 도모하고, 결국 하나님과 대치 상황을 초래하여 추격을 받는 인생으로 전락하게 된다.

예수 그리스도를 만나기 이전의 가치관을 버리지 않는다면, 세상은 돌아볼 일로 가득하다. 이 고장 저 고장 풍습이 다른 여행길이 즐겁고, 이 집 저 집 맛집을 찾아 먹고 마시는 먹을거리가 향기롭고 맛나며, 이 사람 저 사람 만나는 길 위에서 나눈 정담이 정겹고, 세상풍파 겪으며 살아온 인생의 뒤안길을 돌아보는 즐거움으로 영원한 사후의 고통은 안중에도 없다.

"예수께서 이르시되 손에 쟁기를 잡고 뒤를 돌아보는 자는 하나님의 나라에 합당치 아니하니라 하시니라" (눅 9;62)

그러나 세상 어디 썩지 않을 거 뭐 있을까?
너털웃음 한번으로 내동댕이치다 보면 심판하시는 하나님의 면전인 것이 성도들의 인생이다.

성도들의 인생관은 세상 사람들의 가치관과 다르다.
사물을 보는 시각이 다르고, 귀로 듣는 진리의 중심이 다르기 때문에 보이지 않는 세계를 인식하는 의식들은 세상 가치관과 충돌한다.
신앙생활은 세상과의 대립으로 고립을 수반할 수밖에 없다.

"십자가의 도가 멸망 받는 자들에게는 미련한 것이요 구원을 얻은 우리에게는 하나님의 능력이라" (고전1:18)

영생의 은혜를 부여받은 성도들은 세상과의 고립을 담대히 받아들여야 한다. 그러나 예수 그리스도 안에서의 고립은 진취적인 생명력으로 작용된다. 그러므로 예수 그리스도께로 고립된 성도들은, 세상에게 고립된 자들의 사슬을 푸는 전도의 미련한 행위를 실천하게 된다.

예수 그리스도께서 주신 영생의 은혜는, 가치관의 변화를 통하여 믿음의 성장으로 나타난다. 가치관의 변화는 하나님을 믿는 신본주의의 기틀이며, 영원한 시간까지를 인식함으로 세상을 초월할 수 있는 신앙의 원천으로 작용한다.

오늘 슬픈 일은 내일 웃게 될 수 있고, 오늘 비웃는 사람은 내일 조롱의 대상이 될 수 있으며, 오늘 가난한 사람은 내일 부자가 될 수 있고, 절망의 환경에서도 희망을 품을 수 있다. 성도들의 모든 가치관은 하나님께서 인도하시는 절대 주권을 인정하고 의지하는 데서 비롯되기 때문이다.

세상은 말세지말(末世之末)이다. 목회자들의 타락은 연일 세인들의 입을 오르내리고, 공영 TV 프로그램은 귀신들린 자들을 공공연히 출연시킨다. 하나님을 찬미하는 '할렐루야'는 코미디 프로그램에서 모종의 감탄사로 저급하게 사용되고 있다. 패역한 세대의 총체적인 모습이다.

"~ 믿음이 없고 패역한 세대여 내가 얼마나 너희와 함께 있으며 얼마나 너희를 참으리요"(마 17:17)

그러나 예수 그리스도께서는 하나님을 배신한 인류 구원을 위하여 기도하시고, 용서의 길을 열어주시며, 부활의 소망까지 이루어 주셨다.

"죄의 삯은 사망이요 하나님의 은사는 그리스도 예수 우리 주안에 있는 영생이니라"(롬6:23)

사망과 영생 사이에서 '도리어'의 동력이신 하나님의 개입이 반전의 역사를 이룬다. 십자가의 죽으심은, 사탄의 권세를 물리치고 부활하신 과정이며, 예수 그리스도의 부활하심은 인류의 죽음을 괴멸하시고 영생의 길을 열어주신 '도리어'의 축복이다.

갓의 인생 여정은, 쫓고 쫓는 세상 속에서 하나님께서 주시는 '도리어'의 축복이 항상 곁에 있음을 상기시키는 데 부족함이 없다. 가난, 질병, 실패, 거짓, 위선, 갈등, 대립 등으로 인하여 쫓기는 환경에서 쫓는 환경으로 역전시켜주시는 분은 하나님이시다.

하나님은 모든 상황을 돌이킬 수 있는 '도리어'의 주인이시다.

"모든 사람이 죄를 범하였으매 하나님의 영광에 으르지 못하더니

그리스도 예수 안에 있는 속량으로 말미암아 하나님의 은혜로 값
없이 의롭다 하심을 얻은 자 되었느니라" (롬3:23-24)

'도리어' 의 축복은 반드시 예수 그리스도를 믿는 믿음 안에서 제
공되는 하나님의 긍휼이시다.

화장지

가을 햇살이 싱그러운 한날 오후, 팔순을 넘기신 아버지를 모시고 고향을 향한다. 아버지의 고향은 아산만 방조제를 건너기 전, 북쪽 마을이다. 아산만을 기준으로 남쪽은 충청도이고, 북쪽은 경기도이다. 아산만 방조제가 들어서기 전에는 강수량 부족으로 늘 흉년을 거듭하던 마을이 옥토가 되었다. 더군다나 미군 기지와 대기업의 산업시설이 들어서는 배후 도시로, 곳곳에서 도농이 교차하는 대규모 건설 현장이 눈에 들어온다.

부자유친이라 하던가. 모처럼 아버지와 동행하는 고향길이 정겹다. 그리스도 예수께서 주신 영생의 은혜로, 믿음의 가정이 된 뒤로 고향을 방문할 일은 요원해졌다. 친인척들 대부분이 불신자들이기 때문이다. 대화가 안 통한다. 모이면 제사 얘기, 묘지 얘기, 농토 얘기가 전부다. 일부 신앙생활을 한다는 친인척들마저도 추도예배 라는 명분하에, 거의 우상숭배와 비슷한 수준의 예배를 드린다. 죽은 다음에 무슨 소용이랴. 살아서 그리스도 예수를 믿어야지. 아버지는 아예 발길을 끊어버렸다. 바라던 터였다.

아버지가 차를 세운다. 코스모스가 연일 깃발을 흔들어대는 논길은 벌써 추수를 끝낸 들판이다. 먼 지평선이 아득하다. 아버지는 지평선을 향해 논길을 걷는다. 할아버지와 농사짓던 논에서 걸음을 멈춘다. 아산만을 막기 전에는 바닷물이 여기까지 들어와서 농사를 망쳤다고 하면서 미소를 지으니 어리둥절하다. 농사를 망친 것에 아랑곳없이 동네 아이들은 검댕 게를 잡으면서 놀았다고 유년기를 회상한다. 아버지 어깨를 지나는 실바람이 또 한 세대를 아우르는 다독임처럼 느껴진다.

농촌들이 대부분 그렇듯, 씨족부락의 형태였던 고향은 몇몇 가구만 남은 채 모두 외지 사람들이다. 큰어머니가 홀로 고향을 지키고 있다.

도련님, 제가 마지막 농사지은 고춧가룹니다. 다녀가세요.

대장암 수술을 받은 큰어머니의 전화를 받고 아버지는 고향을 가

자고 했다. 큰어머니는 척추 수술을 두 번이나 하고도 농사를 놓지 않았다. 자전거를 타고 장터에 씨앗을 사러 나간 큰아버지는 술에 취해 공사장 웅덩이에 빠져 객사했다.

큰어머니가 마당에서 맞이한다. 진돗개가 짖어댄다. 집안은 도시 집과 같이 입식 구조로 편리하게 개량되어 있다. 술을 잘 담그는 큰어머니가 한상 가득 차린 상 위로 가양주 주전자를 올려놓는다.

술 끊은 지 오랩니다. 형도 술 때문에 돌아가셨는데 지겹지도 않아요, 술.

새끼들이 처먹으니까 담그지요.

몇 십 년 만에 만난 자리지만 예전과 똑같이 대화는 겉돌기만 한다. 복음을 전해도 고개만 절레절레 흔들어댄다. 가자.

아버지는 삼십분이 채 안되어 고향집을 나선다. 큰어머니가 차에 실으라고 막아선다. 마지막 농사여. 서운한 마음을 투덜투덜 내뱉으면서 큰어머니는 연신 먹을거리를 챙긴다. 고춧가루 스무 근, 마늘 두 접, 고구마 한 포대, 들기름까지 차에 싣고 있을 때 화장지를 짊어진 남자가 다가온다. 한눈에 목회자임을 직감한다. 반갑다.

큰어머니는 목사가 건넨 화장지를 끝내 받지 않는다.

우리 조카도 목사님인데 만날 때마다 얘기해도 난 그런 거 싫어요.

큰어머니에게 복음을 전하고 있는 목회자가 있으니 다행이다. 고맙다.

마을에 화장지 수천 개 나눠줬지요.

그리스도 예수의 영생의 길 전함이 많이 고단하다. 고단하지만 생명 있는 동안 전해야지요. 눈물이 홀렁 샘솟는다.

고향 마을의 목사는 차가 멀어질 때까지 지팡이를 손에 쥔 큰어머니 곁에 서 있다. 한쪽 어깨에 화장지 비닐 묶음을 짊어진 목사의 모습은 십자가를 지신 그리스도 예수의 영광처럼 눈부시다.

단풍 여행

"아셀에게서 나는 먹을 것은 기름진 것이라"

아셀은, 야곱의 여덟 번째 아들이다. 레아의 시종 '실바'의 둘째 아들로 태어났다. 그가 태어났을 때, 레아는 한없이 기쁜 마음으로 이름을 '아셀'이라고 지었다.(창 30:12-13)

그의 이름의 뜻은 기쁨이다. 그의 인생을 돌이켜 보면 온통 자신이나 다른 사람에게 기쁨을 주었다. 아셀은 말이나 재능이나 인간관계를 선함으로 녹아내리는 품성으로 갈등과 대적이 없는 긍정의 삶을 영위했다.

하나님께서 주신 특정적 성품과 자신이 처한 환경에 대하여 스스로 만족하는 사람만이 상대방을 행복하게 할 수 있다.

"근심이 사람의 마음에 있으면 그것으로 번뇌케 하나 선한 말은 그것을 즐겁게 하느니라" (잠12:25)

인생들은 내면을 채운 이성적 잣대와 사상들을 토로한다.
기쁨을 나누는 삶은, 환경으로 변하지 않는 긍정적인 사상에서부터 발휘된다.

"악인의 말은 사람을 엿보아 피를 흘리자 하는 것이고 정직한 자의 입은 사람을 구원하느니라" (잠 12:6)

자신에게 행복을 느낄 수 없는 인생들은 타인을 기쁘게 할 수 없다.
기쁨으로 다가오지 않는 사람에게 기분 좋게 화답할 수 없다. 근본적으로 자신의 부족한 소양으로 촉발된 시비조차도 상대방 탓으로 여기는 경우가 비일비재한 세상이다.

아셀은 아름답고 부드러우며 상대방에게 위로가 되고 새 힘을 주는, 기름진 말과 행동으로 기쁨을 배가시키는 사람으로 통했다.
'말 한 마디에 천 냥 빚도 갚는다' 는 속담은 아름다운 말의 중요성을 일깨워준다. 지나가던 나그네가 무심코 걷어찬 돌멩이 때문에 개구리가 죽을 수 있듯, 무심코 던진 말 한마디는 사람의 미래를 좌지우지할 수 있다.

인생들은 살리는 언어와 병들게 하는 언어를 한 입에서 토해낸다. 인생들은 눈에 보이는 가치에만 충실하다. 빌딩의 높이를 자랑하거나 국민소득의 높은 평균 수치로 평안의 가치를 측정하려고 한다. 보이지 않는 세계의 무한한 가치를 인정하지 않는다.

"우리의 돌아보는 것은 보이는 것이 아니요 보이지 않는 것이니 보이는 것은 잠간이요 보이지 않는 것은 영원함이니라" (고후 4:18)

보이지 않는 세계의 가치는 무한하다.
인생들의 한정된 지혜로는 보이는 세계의 가치와 보이지 않는 세계의 가치를 분간할 수 없는 충돌로 혼란을 겪을 수 있다. 보이는 세계로 한정된 사고(思考)는 인생들을 욕심으로 몰아넣는다.

인생들은 누구나 자신이 기뻐하는 것을 전하기 마련이다.
관능주의자들은 육신의 쾌락을, 물질주의자들은 사치스러운 소비생활을 말한다.

예수 그리스도의 구원의 은혜를 사모하고 기쁨을 감추지 못하는 사람들은 자신의 감정을 숨기기 어렵다. 그래서 전도의 행위를 기뺌으로 감수한다.

아셀은 인생을 바르게 인식하고 있었다.
하나님을 떠난 인생들의 상처들을 잘 알고 있었다.
아셀에게 보이는 세상은 인생 여정 중 지극히 작은 시간일 뿐이
고, 진리이신 '메시야', 곧 예수 그리스도께서 구원자로 오실 하
나님의 약속을 믿는 무한대의 시간 속에서 기쁨을 즐겼다.

만나는 모든 인생들이, 그리스도께서 구원자로 오신다는 하나님
의 언약을 믿음으로 자신과 같은 기쁨을 소유하기를 열망했다.

"그리스도 예수 안에 있는 생명의 성령의 법이 죄와 사망의 법에
서 너를 해방하였음이라(롬 8;2)

가을 단풍이 절정에 이르렀다.
하나님의 섭리는 재탄생을 알리는 소멸의 가을이다.
여행객들의 발걸음이 역사마다 북새통을 이룬다.
한번쯤 복된 소식을 듣고 영생의 길을 기쁨의 언어로 쏟아내는 단
풍 여행길을 내디뎌 볼 계절이다.

해방을 위하여

해방이라 함은 구속을 전제로 한다.

구속은 불편함과 제약을 동반한다. 구속은 자신의 의지와 상반되는 상황이며, 불편함과 억압을 수용해야 하는 부자유함의 총괄적인 의미이다.

인생들은 이러한 구속으로부터 끊임없이 해방을 갈구한다. 습관이나 버릇 같은 작은 구속으로부터, 질병과 장애, 대립과 갈등, 빈곤과 채무 같은 원치 않는 환경으로부터 해방 받기 위하여 부단한 노력을 기울인다. 인생들의 이러한 노력은 어느 정도 성과를 내며 해방의 기쁨을 성취한다.

그러나 모든 인생들에게는 성과를 낼 수 없는 구속이 존재한다. 죽음이다. 죽음의 시간은, 지극히 한시적인 잠간의 삶과는 비교할 수 없을 만큼 긴 시간이다. 영원한 시간이다. 인생들은 죽음 앞에서 무능력하고 작아질 수밖에 없다. 자신의 문제인데도 불구하고 죽음을 소멸시키기 위하여 어떠한 대책도 세울 수 없기 때문이다.

권력, 재력, 지력, 학력, 선행, 종교, 인생들이 모든 능력을 총동원해보아도 전혀 영향력을 발휘되지 못하는 것이 죽음의 영역이다. 인생들의 탁월한 지능과 각고의 노력을 모두 허사로 여기는 죽음의 권세는 실로 엄청나다. 죽음은 가장 강렬한 구속이다.

인생들은 누구나 죽음으로부터 해방받기를 원한다.
해방을 위한 적극적인 쟁취를 하려면 먼저 죽음에 대한 깊은 사고가 요구된다. 자신이 구속되었다는 인식으로부터 해방을 위한 쟁취는 시작된다. 자신의 죽음 문제에 대한 인식, 어떤 세력에 의해 장악 당했다는 인식, 누군가에게 자유를 빼앗겼다는 인식들을 전제로 해방을 위한 추구는 시작된다.

죽음은 모든 인생들을 구속하고 있다. 죽음으로부터 자유로울 수 있는 인생은 단 한 사람도 존재하지 않는다. 그럼에도 불구하고 인생들은 자기 자신을 죽음의 구속으로부터 구제해 낼 수 없다. 죽음으로부터 자신을 해방시키기 위하여 아무런 대책조차 세울 수 없다.

죽음은 소리 없이 다가온다.

죽음 앞에서 인생들은 참으로 어리석다. 어느 날 닥치는 자신의 죽음에 이끌리어 불지옥의 형벌을 감수해야 하는, 절대 절명의 위기를 외면하고 살아가고 있으니 말이다. 어느 날 닥치는 죽음 앞에서 망연자실 저항 한번 못하고, 그저 넋 놓고 이끌림을 당한다. 죽음의 권세는 참으로 무지막지하고 막강하다.

인생들이 죽음으로부터 해방을 받는다면 얼마나 기쁜 일이랴. 세상 그 무엇과도 바꿀 수 없는 해방의 기쁨이 분명하다. 더군다나 인생들이 아무런 노력을 하지 않아도 주어지는, 선물 같은 죽음의 해방이라면 가히 실로 경이로운 축복이 아니겠는가.

길이 있다. 그리스도 예수께서 열어놓으신 영생의 길이 실존한다.

어느 날, 어떤 이가 죽음을 평정했다.

막강한 죽음의 권세가 저항할 수 없는, 완전한 정복을 이루었다. 죽음을 정복한 증거로 부활했다. 완전히 죽었던 사람이 다시 살아났다. 더군다나 혼자만 살기 위한 부활이 아니라 모든 인생들의 죽음 문제를 동시에 해결한 부활이기 때문에 더욱 경이로운 부활이다. 그를 믿으면 인생들은 죽음 문제를 해결 받는다. 예수 그리스도다.

인생들이 죽음 문제를 해결받기 위한 전제 조건은 너무도 간단하다.

예방주사를 맞는 것보다 더 간단하다. 믿는 마음 한 가지이다. 그리스도 예수께서 부활하심으로 자신의 죽음 문제가 해결되었다는 믿음으로 해방될 수 있다. 믿는 마음의 신뢰 하나로 철옹성 같은 죽음 문제를 일거에 해결 받게 된다. 그리스도 예수께서 영생의 길을 열어놓았기 때문이다.

그리스도 예수를 믿는 믿음은 마치 예방 백신과 같다. 모든 인생들은 그리스도 예수께서 자신의 죽음 문제를 해결하기 위하여 죽음을 물리치고 부활하셨다는 사실을 인식하고 믿으면 된다. 부활의 예수 그리스도를 믿는 믿음은 곧 죽음 문제 해결이다.

그러나 인생들은 눈앞에 펼쳐진, 보이는 현실만을 위한 삶을 선택하므로 영멸의 불행을 자처하며 살아간다. 시위를 떠난 화살과 같이 빠른 시간만을 위해 열정을 발휘한다. 영원한 멸망을 족쇄로 채우려는 죽음은 소리 없이 다가오고 있다.

시간이 없단다. 바쁘단다. 자신의 죽음 문제를 해결 받고, 영원한 생명을 보장 받는 일보다 바쁜 일은 인생들에게 없다. 그리스도 예수께서 활짝 열어놓은 영생의 문을 믿음으로 두드리는 일보다 급한 일은 없다.

인생들이 느낄 수 있는 극치의 기쁨 중에 죽음으로부터 해방 받은 기쁨보다 가치 있는 환희는 없다. 그리스도 예수를 믿는 믿음은 죽음으로부터의 영원한 해방이다.

그리스도 예수를 믿는 믿음은 궁극적으로 자유이다. 죽음으로부터의 해방이다. 그래서 믿음은 죽음에게 구속당한 자신을 인식하는데서 비롯된다. 죽어야 하는 인생이라면 누구나 그리스도 예수께서 열어놓으신 영원한 생명을 부여잡고, 죽음으로부터 완전한 해방을 소유할 수 있다.

인생이 아름답고 소중한 것은, 그리스도 예수를 믿는 믿음으로 주어진 해방의 환희를 보장받아놓고 살아가기 때문이다. 죽음으로부터 해방을 위하여 인생들이 실천해야 하는 일은, 믿음 한 가지이다.

예수 그리스도께서 지금 천하 만민에게 말씀하신다.

"나는 부활이요 생명이니 나를 믿는 자는 죽어도 살겠고 살아서 나를 믿는 자는 영원히 죽지 아니하리라"

아멘.

성도들은 모두 하나님의 후한 선물이다.

후한 선물

인생은 한 사람도 예외 없이 누군가에게 후한 선물이다. 한 아기의 생명은 하나님께서 주신 선물 가운데 가장 경이롭고 후한 선물이다.

생명은 하나님의 독보적인 창조 섭리이자 권능이다. 생명공학이 발전을 거듭한다고 해도, 인간은 생명을 만들어 낼 수 없다. 인생들의 생명공학은 무(無)에서 창조하신 하나님의 섭리를 발견하고 변화를 조합하는데 지극히 제한적일 수밖에 없다. 피조물은 창조주의 무한한 영역을 알 수 없기 때문이다.

많은 종교들이 난무한 세상이다. 많은 이단들이 그리스도 예수께서 열어 놓으신 영원한 천국의 길을 훼방하고 있다. 인간 스스로 자신을 '메시야'라고 칭하는, 어처구니없는 정신병자들이 늘어만 가는 말세지말(末世之末)이다.

자신의 죽음 문제조차 해결하지 못하는 인간이 어찌 구원자가 될 수 있으랴. 피조물은 그 누구도 구원의 주체가 될 수 없다. 오직 구원자는 그리스도 권세를 지니신 한 분뿐이다. 하나님께서는 자격도, 권리도 없는 인류에게 영원한 생명을 주시고, 후한 사랑을 베푸시며 임마누엘의 동행을 자청하셨다.

예수 그리스도의 사랑으로 값없이 영생을 얻은 성도는 마땅히 은혜의 보좌로 담대히 나아갈 수 있는 영혼의 청결과 경건의 모양을 갖추고, 찬미의 예배와 기쁨의 찬양을 소리 높여 부르게 된다. 우상숭배에 빠진 불쌍한 영혼들에게 영원한 안식의 길이 열려 있음을 알리고자 한다.

그리스도 예수의 구원은 평범함 속에 살아가는 인생들에게 주어진 경이롭고 후한 선물이다. 또한 영원히 함께하시는 동행의 축복을 받은 상태를 의미한다.

그러므로 영생의 생명을 부여받은 인생들은 하나님을 믿고 의지하며 범사에 염려 근심을 떨쳐낼 수 있는, 담대한 믿음의 동력을 발휘하는 신앙생활을 기쁨으로 실천한다.

하나님께서는 인간에게 특별한 상황을 배가시켜주시기보다 평범한 삶 속에서 특별한 구원의 은총을 베풀어 주신다. 하나님의 특별한 구원의 은총을 덧입은 성도들은 자신의 경계와 한계를 바라볼 수 있는 겸손의 미덕으로 하나님을 존중하고 신뢰한다.

하나님의 공평하심은, 보통 사람, 평범한 사람들의 인생에도 위대한 사명자들과 마찬가지로 차별 없이 세미한 음성으로 간섭하신다. 인생들은 특별하게 드러나지 않거나 드러낼 수 없는 대다수의 평범한 인생 속에서 역사하시는 하나님의 공평을 느끼기에 부족함이 없다.

그러나 안타깝게도 영원한 생명을 얻을 수 있는 일생일대의 환희를 받았음에도 불구하고, 인생들은 실수와 좌절, 탐심과 거짓, 교만과 위선의 삶으로 하나님의 후한 선물을 노략질당할 수 있는 위험 앞에 노출되어 있다.

인생들은 모두 하나님께서 주신 영생의 기회를 얻을 수 있는 생명이며, 누군가에게 후한 선물이다. 탐심과 소유욕을 버림으로써 나약한 인생들의 주변을 염탐하고 있는, 하나님을 대적하는 자 사탄을 능히 물리치고, 후한 선물인 자신의 정체성을 추수하는 절기이기를 소망한다.

아카시아 꽃길

주변을 둘러보면 아카시아 꽃이 만개한 산책로를 쉽게 만날 수 있다. 아카시아 꽃이 핀 군락은 여지없이 함박눈이 내린 듯한 꽃길이다. 일제강점기에 대량으로 심어진 아카시아 꽃은, 번식력이 강하여 소나무의 성장을 방해한다는 오명을 안은 채 한반도 전역에 고루 분포되어 있다.

번식력이 강한 아카시아 꽃은 지극히 농염한 꽃말을 지녔다. 겉으로 드러난 화려함에 어울리지 않는 아카시아 꽃의 꽃말은, '숨겨진 사랑', '남 몰래 바치는 사랑' 이다. 차마 말 못하고 바라만 보는 사랑을 의미하기도 하고, 드러낼 수 없는 사랑의 관계를 의미한다.

어느 새 봄의 정중앙을 차지한 아카시아 꽃은 지극히 희생적인 사랑을 전하는 봄의 전령사이다. 다분히 희생적인 사랑을 뜻하는 꽃말처럼 아카시아 꽃은 '미래의 항생제'라는 별명이 붙을 만큼 내성이 강한 꽃이다.

우리들에게는 달콤한 꿀맛으로 각인된 아카시아 꽃은, 헌신적 사랑으로 가득 찬 내면의 아름다운 심성을 드러내지 못한 채 평가절하 되어 있다.

아카시아 꽃은, 전심으로 주고자 하는 헌신적 사랑의 결정체이다. 받고자 하는 사랑과 이기적이고 수리적인 사랑에 익숙한 현대인들에게 진정한 사랑의 의미를 깨닫게 하는 아카시아 꽃은, 백색의 온몸으로 헌신적 사랑의 순전함을 외치고 있다. 아카시아 꽃은 이렇듯, 내면의 헌신적 사랑을 근거로 우리들에게 상처를 치유해 주는 사랑 나눔을 실천하고 봄을 떠난다.

치유를 위한 아카시아 꽃의 효능은 다양하다. 가장 중요한 효능은, 근심과 스트레스로 인하여 쌓인 병균들을 제거하는 항생 기능이다. 항생제가 잘 듣지 않거나 고단위 항생제를 투여해도 염증에 아무런 변화를 일으키지 않는 환자들에게 쓸 수 있는 꽃이 아카시아 꽃이다.

아카시아 꽃 추출물에는, '로비'와 '아카세틴'이라는 성분이 함유돼 있는데 이뇨작용과 해독작용을 하는 것으로 연구되어 있다. 특히 '케미컬'이라는 성분은 세포괴사를 중지시키고 세포들에 가해지는 스트레스를 감소시키는 것으로 알려져 세포가 암으로 전이되는 과정을 막아준다고 한다. 많은 사랑을 받아야 할 아카시아 꽃의 매력이다.

우리들은 눈에 보이는, 다분히 쾌락적인 사랑을 추구한다. 그러나 사랑의 목마름은 여전하다. 사랑하면 할수록 별리의 괴리감도 증폭되고, 서로의 단점들이 드러나는 시간 앞에서 피안을 위한 갈등과 일탈을 꿈꾸는 것이 우리들의 사랑의 한계이다.

그래서 인생들의 사랑은 곧 이별을 위한 태동일 수 있다. 그리스도의 십자가를 막아선 베드로의 사랑으로 우리들은 제한적인 사랑에 당위성을 부여한다. 그래서 나의 사랑은 로맨스요 내가 아닌 사랑은 불륜이라고 너스레를 떤다.

우리들은 사랑에 목마르다. 하나님을 떠난 원죄 중에 잉태된 생명이기에 인생들은 모두 절대고독 앞에서 신음한다. 물질과 명예를 다 가져도 우리들의 사랑의 허기를 채울 수 없다.

러브호텔, 무인 모텔, 안마시술소, 스포츠 마사지, 출장마사지, 이발소, 비디오 방, 키스 방, 노래방, 성을 상품화한 각종 인터넷 홍보물까지 온통 불법, 편법의 성 매매업이 성행하고 있다. 세상에는 사랑은 없고 성희(性戲)만 있다.

이제 그리스도께서 임재하실 때다. 거리에 동남동녀가 즐비했던 그때 소돔 고모라를 심판하신 것처럼, 궁핍의 환경에서 우두머리가 되어서도 빛을 발하고 있는 극소수의 하나님의 사람들을 위해 이제 그리스도께서 그 눈물을 닦아주실 때다.

세상 소리 들리지 않는 아카시아 꽃길을 걷는다. 낙화가 된 백색의 순결이 포근하다. 꽃잎들이 하나 둘 몸을 일으키는가 싶더니 이내 우레와 같은 하늘 뇌성에 빛 가득 차오른다.

견공(犬公) 이야기

반려동물들이 기하급수적으로 늘어나고 있다. 특히 개들은 허기진 인생들과 비교할 수 없을 만큼 호사를 누리고 있는 현실이다.

하나님의 창조 섭리는, 두말할 나위 없이 인간에게 모든 세계를 정복하고 번성하며 다스릴 수 있는 권한을 주셨다. 남획으로 생명체들을 멸종 위기에 처하게 한 것도, 그들을 보호할 수 있는 것도 인간이다.

하나님께서 창조한 모든 생명체들은 동물·식물·인간까지 어느 하나 의미 없는 존재들이 없다. 혹시라도 의미가 없다면, 완전하신 하나님께서 창조하지 않았을 것이다.

더러는 이미 멸종되거나 아예 사라져 버린 생명체들도 있다.
그 또한 때를 맞춰 사라지게 하신 절대자의 섭리일 뿐, 인간들의
이성적 사고로는 판단할 수 없는 영역에서의 변화이다.

자신들을 키워주신 부모를, 함께 살아가야 할 대상에서 제외시키
고 있는 사회악이 묵시적 야합으로 구축되면서 반려동물의 자리
는 늘어만 가고 있다.

부모를 밀쳐낸 자리에서 냄새 풀풀 풍기는 개들은 네 다리 쩍 벌
리고 좋은 날을 보내고 있다. 개의 똥과 오줌을 닦아내며, 개의 엄
마 아빠를 자칭하는 인간들이 공영방송에까지 소개되는 것을 보
면서 헛웃음이 절로 나온다.

'늙은 부모가 집안에 있으면 의원이 필요 없다'는 중국 속담이 있
다. 부모들의 경륜의 중요성을 강조한 말이다.

똥 귀저기를 천 번도 넘게 갈아주신 부모들이다. 부모의 유산을
갈취하고 등 돌리는 죄악의 현실은 정녕 개만도 못한 패륜이다.

요양원이 눈에 띌 만큼 부쩍 늘어나고 있다.
거동이 불편한 부모를 내몰고 싶어 하는 자식들의 개만도 못한 생
각과, 정부에서 주는 요양보조금에 눈이 먼 인간들의 탐심이 맞아
떨어지면서, 미흡한 시설의 요양원이 우후죽순처럼 늘어나고 있

는 것은 아닌지 우려된다. 부모들의 생각대로 일부 요양원은 '현대판 고려장'이 아닌지 유감스러운 마음이 든다.

충견들이 주는 기쁨을 폄하할 생각은 없다.
주인을 찾아 천 리 길을 달려온 백구 이야기, 죽은 주인의 곁을 지키다가 凍死한 충견 이야기는 훈훈한 감동을 넘어 적지 않은 교훈을 주기도 한다.

너무도 짧은 인생이다.
그 짧은 인생 안에서 젊음은 짧은 중에 더욱 짧은 시간이다. 우리는 모두 몇 날이 못 되어 노인이 될 사람들이다.

추운 겨울이다. 시설이 좋기로 유명한 요양원에서 많은 부모들이 하늘을 우러러 소리 없이 가슴 깊은 소원을 삼키고 있다. 하루 한 끼를 먹더라도 자식새끼들, 손자새끼들 웃음소리가 듣고 싶다고.

부모가 하늘에 던지는 소원을 귀 기울여 듣고 행동할 때는 오늘이다.
불효부모사후회(不孝父母死後悔).
부모를 돌볼 수 있는 시간도 그리 길지 않은 것이 인생이다.

개만도 못한 인간들이 개를 키우면, 개가 견공(犬公)이 되는 건 당연하다.

여(女) 집사의 둥지

어디로 가야 하나?

이사를 해야 한다. 보증금을 줄여가면서 작은 집을 전전하며 대여섯 번을 옮긴 지금의 월세 집은 최악의 상황이다. 보증금마저 밀린 월세로 다 까먹었다. 다행히 서울 외곽의 전원주택에 사는 지인이 몸만 들어오라고 한다.

그곳으로 가야 하나? 아니, 가도 될까?

벌써 십오 년이 지난 세월이다. 하나님을 원망하면서 눈물로 보낸 세월이 강산이 두 번이나 변한 시간이다. 어떻게 살아왔나? 돌이켜보면 무지하고 허망한 시간이다. 사업 실패로 교도소에 수감됐던 남편이 신학을 배우겠다고 자처하면서 시작된 불행의 그늘이다.

남편은 불신자였다. 시부모는 종교에 대한 강요는 없었지만 사찰 행사에 적극적으로 참석했다. 남편은 사탕을 얻어먹기 위해 다닌 유년기의 교회 이야기와 졸업한 중·고등학교가 미션스쿨이었다는 이야기를 술버릇처럼 내뱉었다.

극한 어려움에 처한 경제 환경에도 불구하고 처자식에 대한 부양 의무를 다해야 하는 남편은, 피폐해진 가정을 짊어져야 하는 삶의 무게가 무척이나 힘들었으리라. 시시때때로 생명의 위협까지 느꼈으리라. 자살이라도 하고 싶은 충동과 현실에 대한 당위성 있는 도피가 신학이 아니었을까.

남편은 신학교에서 유부녀를 만났다. 선교 사역을 위해 신학을 배우러 나왔다는 여자와의 불륜은, 어쩌면 남편에게 삶을 지탱시킬 수 있는 양분처럼 작용했을지도 모른다. 남편의 외박과 외도는 출석 교회에까지 산불처럼 퍼져 나갔다.

어떻게 해야 하나. 심장이 아프다. 전도사들이 위로와 격려의 말씀을 들고 심방을 거듭해 주었지만 마음을 안정시킬 수가 없다. 마음에 너무도 커다란 구멍이 뚫려 있다. 어떤 것으로도 메울 수가 없다.

남편은 급기야 이혼을 요구했다. 두 사람은 서로 이혼을 선택하고 새로운 출발을 약속한 모양이다. 작은 체구로 기억되는 여자는 사업 실패로 지친 남편에게 어떤 위로가 되었는지 모른다. 친정 형제들과 지인들이 용서하라는 권면을 종용했지만 용서할 마음이 없다. 남편의 이혼 요구를 들어주기로 마음먹었다. 법정에서 졸도한 것이 못내 수치스럽다.

남편의 옷가지들을 교회 근처 세차장에 내버리듯 맡겨놓은 날, 비가 내렸다. 용서의 덕목과 사과의 마음을 담은 시아버지의 편지를 받았다. 뜻밖의 상황이다. 몇 번을 곱씹으며 읽었다. 마음이 아프다. 남편 때문에 너무도 많은 사람들이 가슴을 쓸어내리고 있다. 아이들 마음에는 얼마나 큰 상처가 생겼을까.

기침이 잦아지더니 각혈을 한다. 폐결핵으로 사십을 넘기지 못한 친정어머니처럼 죽는가 보다. 각혈을 하면서 아이들을 남편에게 맡길 수밖에 없는 상황이 서럽고도 서럽기만 하다.

남편을 잃은 여자에게 자녀들까지 맡겨야 하는 비운의 환경은 차라리 실없는 웃음을 터뜨리게 한다. 가끔씩 만나는 아이들의 입에서 제법 부요한 환경이라는 소리를 들려준다. 그래 너희들만 행복하면 된다.

각혈이 잦아들면서 아이들과 다시 가정을 꾸렸다. 가난하고 어려운 환경이지만 서슴없이 달려온 아이들이 고맙고 기특하다. 남편은 부동산을 하면서 간헐적으로 자녀들의 교육비를 보내왔다. 살아보라지. 그 끝이 어떠할지 무척이나 궁금하다.

남편의 삶이 점점 어려워지고 있다는 풍문을 접할 즈음, 암(癌) 진단을 받았다. 이번에는 암이다. 지겹다. 쓰라린 소식만 전달받는 마음에게 너무도 미안하다.

각혈을 멈추게 하신 하나님, 이제는 암이랍니다. 어떻게 해야 하나요. 치료비도 없는 것 아시지 않습니까. 이제 제발 데려가 주십시오. 불러주십시오. 밤새도록 눈물을 쏟아냈다.

남편이 목사가 되었다는 풍문과 시부모까지 신실한 성도가 되었다는 풍문은 차라리 기뻐할 수 없는 쓴웃음이다. 남편의 가정 복음화를 위해 도구로 사용하신 하나님의 음성은 세월 지나도록 좀처럼 헤아릴 수가 없다.

빈털터리면 어떠하랴. 어차피 빈 몸으로 와서 빈 몸으로 가야 할 세상과의 이별이다. 무엇인가 수족(手足)이 움직일 때, 살아 움직일 때 정리를 하자. 대학생이 된 자녀들의 물품을 정리했다. 다행히 아이들 아빠가 대학교 주변에 세 평 남짓 작은 자취방을 마련해 주었다. 한 가정이 세 조각이 되었다. 그래도 한결 마음이 편하다. 이제 몸만 들어오라는 그곳으로 가면 된다.

새벽이면 찬바람이 느껴진다.

세찬 바람이 아니다. 소리 없이, 요동 없이 내려앉는 서늘한 기운
이다. 강하고 무더운 여름 폭염이 물러간다.

가을의 무기는 강한 찬바람이 아니다. 유(柔)함이다. 유는, 부드럽
고, 성질이 화평하고 순하며, 여리고, 약하고, 무르며, 복종한다는
의미로 쓰인다.

모든 것을 용서할 걸.

모든 사람의 행복을 위해 기도할 걸.

죽을 때가 되면 소는 눈물을 흘리고 사람은 선해진다는 소리가 맞
는가 보다. 유함으로 살고 싶다. 유한 사람으로 기억되고 싶다.

이삿짐차가 비포장 길을 들어선다.

하나님, 오늘은 찬송하지 않으렵니다.

꼭 하루, 오늘만 찬송하지 않으렵니다.

까치 한 마리가 미루나무 둥지로 나앉는다.

갑질 놀이

사계절의 변화가 뚜렷한 한반도는 지금 겨울이다.

한 차례 함박눈이 지난 서울역 대합실은 다양한 겨울 의복들을 차려 입은 인파들로 부산하다. 열차 출발 시간을 알리는 안내 방송은 추위에 아랑곳없는 여행객들의 발걸음을 재촉한다.

서울역 대합실의 인파와 부딪치며 종횡으로 걸어야만 탈 수 있는 공항철도 귀가길이 오늘따라 왠지 모르게 멀고 버겁다. 어디론가 겨울 여행을 떠나고 싶은 마음이 울렁인다.

자칫 성령 충만하지 못하면 한꺼번에 몰려올 수 있는 목회자들의 단조로운 일상은 언제든지 고단함으로 정체될 수 있다. 목회자들의 한 주간 일과표는 철갑옷을 두른 무게로 등을 휘게 만들 수도 있다.

여행객들의 등짐을 바라보는 시선은 분명히 부러움이다. 세상은 자꾸 등을 떠밀어 자연으로의 피안을 꿈꾸게 한다. 보도되고 있는 세상 이야기는 뒷목덜미를 부여잡게 한다.

항공기를 자가용인 줄 착각하고 회항 시킨 사건, 사람을 죽이고 쓰레기 내버리듯 쓰레기통에 내던진 사건, 보험금을 노리고 교통사고를 위장하여 만삭의 이방 나라 아내를 죽인 사건은 아직도 수사 중이라는 보도가 가슴을 울먹이게 한다.

귀가 멀고 눈이 먼 대통령, 국정 다반사를 제쳐 둔 국회와 정당, 공직자들의 머리 위에 서서 국정 전반을 난장으로 만든 참담한 결과는 참으로 보고 듣고 싶지 않은 갑질 놀이의 결정판이다.

국가공무원이나 국정의 실세들을 하인 부리듯 한 비선 실세의 갑질 놀이는 국정 검사장에서까지 거짓 증언을 하는 점입가경이다. 국민들은 모두 피해자들이 되었다.

가난한 흥부의 의복은 헤진 곳을 수십 번 기워 입은지라 원래 의복이 어떤 옷감인지 분간할 수 없는 누더기이다. 대한민국은 마치

흥부의 옷처럼, 선한 목적이 무엇인지 모르는 갑질 놀이로 인하여 온갖 부정부패와 권모술수가 판을 치는 아비귀환의 세상이 되었다.

세상은 개나 소나 온통 갑질 놀이에 빠져 있다.
물질의 부정 축재로 현행범이 되고도 재산을 토설하지 않은 채 버젓이 집회를 주도하고 다니는 목회자들의 갑질 놀이와, 자녀들에게 교회당을 대물림하고 있는 삯꾼들의 갑질 놀이는 절대 을(乙)이 될 수 없는, 전지전능하신 분 앞에서 자행되고 있다.

전직 국회의장, 전직 검사장, 전직 서울 대학교 교수, A급 연예인, M교회 당회장 목사까지 온통 성 추문으로 드러난 갑질 놀이로 낯 부끄러운 한 해가 저물고 있다.

따뜻한 온천욕이 그리운 계절이다.
한 번의 목욕으로도 작은 피로는 풀린다. 일상이 고단할 때면 재래시장이나 시골 장터를 둘러보면 활력을 되찾을 수 있다. 그래도 일상이 고단하게 느껴진다면 장례식장이나 화장장 뒤편을 서성거려 보고, 그래도 의로운 자아가 회복되지 않으면 여행을 떠나보면 아름다운 삶을 재충전할 수 있다.

그러나 성도들은 하나님 앞에 무릎걸음으로 회개의 시간을 가지게 될 때 비로소 영구적인 선한 삶의 의미를 발견하게 된다.

구세군의 자선냄비 종소리가 서울역 광장에 메아리친다.

내일쯤은 꼭 갑질 놀이 없는 온천물 속에 머리끝까지 담가야 살겠다.

어머니의 대보름

이맘때가 되면 들기름에 달달 볶은 시래기나물이 먹고 싶어진다. 영락없는 대보름이다. 구정에 만든 찹쌀 부침이 아직 남아 있다. 약수를 받아다 담근 나박김치 한 사발을 들이키며 수시로 먹는 오곡 찰밥은 어머니의 그윽한 사랑이다.

닷새는 족히 먹어야 새 음식이 생각날 정도로, 대보름의 토속 음식은 묘한 중독성을 지녔다. 그도 그럴 것이, 집에서 담근 국간장의 진한 향기와 들기름의 고소함으로 삶아 볶은 나물인지라, 긴 시간 숙성하지 않은 시중의 간장과 수입 깨로 짜낸 기름으로는 재현해 낼 수 없는 깊은 맛이다.

어머니의 대보름은 여름부터 시작된다. 지천으로 널린 호박, 가지를 썰어 그늘에 말리고, 가을이 되면 무청과 고사리를 말린다. 된장, 고추장, 간장을 달이고, 결 좋은 새우젓으로 담근 김장 김치를 꾹꾹 눌러 놓아야만 어머니의 겨울은 시작된다.

어머니의 엄동설한은 자식들 입에 음식 들어가는 것을 보고 배부른 그저 날씨만 조금 차가운 한 날에 불과하다. 겨울 지날 음식들을 넉넉히 준비해 두었기 때문이다. 동지에는 팥죽을 쑤고, 신년이면 가래떡을 썬다. 구정에는 갖가지 전을 부치고, 찹쌀 부침을 종일토록 굽는다. 식혜와 수정과를 끓여 식히고, 실백을 띄운다.

언제부터인지 어머니 곁에서 도라지를 다듬는 아버지의 손길도 예사롭지 않게 빨라졌다. 교통사고로 뇌수술을 두 번이나 한 어머니는 언어 장애를 안고 천만다행으로 생명을 건졌다. 동갑내기 부부인 어머니와 아버지는 금년에 팔순을 지났다. 고령인데도 불구하고 어머니는 두 무릎에 인공 관절을 넣는 수술을 했다.

정월대보름이다.
올해는 보름달을 볼 수 없다는 일기예보이다. 요 며칠 전부터 아무렇게나 썰어 볶은 시래기나물이 무척이나 먹고 싶어졌다. 인공 관절 수술을 한 어머니는 지팡이를 짚고 재활 치료중이다.

눈치를 알아차린 아내가 장바구니를 연다.

국산 들기름 한 병 샀네요. 시래기는 흙이 많아서 많이 빨아야 됩니다.

잔소리를 한다. 서너 끼니는 족히 먹을 수 있는 오곡밥을 가득 담고, 시래기나물, 무나물, 호박나물, 가지나물, 취나물에 두부까지 큼직하게 부쳐 담아 보자기를 여미는 아내의 손길이 무척이나 정겹다.

어머니가 지팡이를 짚은 채 삶아 볶은 고사리나물이 며느리가 만든 대보름 밥상을 맞이한다. 며느리의 대보름 음식은 어머니 손맛 못지않게 깊은 맛이 난다.

힘드신데 이제 그만하세요.
아니다.

어머니는 내년 대보름 음식을 손수 만든다고 고집을 피운다.
알았어요, 그러면 조금만 하세요.

대보름달이 뜨거나 말거나, 어머니가 대보름 음식을 만드는 것은 생존의 호흡이다.

[하민국 칼럼]

보름달처럼

"두 벌 옷도 가지지 말라"

하나님 말씀은 생명 구원을 위하여 전도할 때 적용되는, 승천하신 예수 그리스도께서 내리신 지상명령의 이행을 위한 안배이다. 영생의 복음을 위한 전도를 행할 때 하나님께서 모든 것을 준비하시고 보장해 주시겠다는 약속을 동반한 말씀이다. 그러나 전도하지 않는 목회자가 두 벌 옷을 가지지 않고 가만히 앉아 있다면, 가난뱅이에 불과하다.

많은 목회자들이 어려운 삶을 살아가고 있다.
신본주의를 시대착오적 의식으로 여기는 시대이다. 인본주의적 사고가 세상 풍요를 바탕으로 활개를 치고 있는 시대이다. 자칫 가난하고 어려운 환경으로 인하여 영적인 가치관마저 상실될 수 있는 시대이다.

그러나 분명한 사실은 지금 이 시대의 풍요가 지속될 수 없음이다. 믿음의 성도들은 더욱 하나님과의 믿음을 공고히 해야 할 때이다. 노아가 하나님의 명령으로 방주를 만들던 그 시간에도 사람들은 시집가고 장가들었다는 성경의 기록은, 노아의 가족만 남기고 세상을 홍수로 심판하신 하나님께서 주시는, 최후통첩과 같은 경고이면서도 회개할 수 있는 시간을 제공해주시는 긍휼의 시간이다.

일제 강점기를 거쳐 동족상잔(同族相殘)의 전쟁까지 치른 작은 나라가 주기도문으로 기도하면서 개원한 국회를 중심으로, 오늘날 경제 열강의 대열에 합류하는 경이로운 축복을 주신 하나님께서 목회자들의 고단한 삶을 모르실 리 없다.

그러나 주일이면 가게 문을 모두 닫고 하나님께 경배 드리던 도시 평양은 공산화와 함께 김 씨 세습 일가를 믿는, 지구의 유일한 족벌체제 속에 묻혀버렸고, 대한민국은 연이은 사건 사고로 인하여 침잠한 나날을 보내고 있다.

온갖 비리가 보편화된 총체적 난국을 헤쳐 나갈 부정과 물질 축적에서 자유로운 사람 단 한 명을 찾기 어려운 현실이다. 사회를 정화해야 할 교회는 그 기능을 상실했으며, 대형교회를 중심으로 목회자들 또한 물질과 명예를 쓸어안고 타락일로를 걸어왔음을 여실히 드러내고 있다.

풍요로운 자들은 더욱 풍요롭고 싶은 욕망을, 궁핍한 자들은 작은 풍요를 좇는 욕망을 부르는 물질만능주의가 교회당마저 잠식하고 있다. 영원할 것처럼 권세를 부리는 대형교회 목사들은 물질의 안락을 자식에게까지 쥐어주려는 욕망으로 세상에는 창조주의 자리가 없다.

하물며 스스로를 '세속적 그리스도인' 이라고 자칭하는 신종어가 나뒹굴고 있는 시대이다. 그리스도인에게 '세속적' 이라는 절반의 개념은 있을 수 없다. 하늘이 아니면 땅이고, 손등이 아니면 손바닥이고, 예수 그리스도께서 주신 생명은 천국이 아니면 지옥인 흑백논리의 구속이다.

얼어 죽을망정 곁불은 쬐지 않겠다는, 굶어죽을 망정 빌어먹지는 않겠다는 선비 정신이 요구되는 시대이다. 자기 자식의 부족한 학식과 덕망을 인식하고 과거 급제 합격자 명단에서 자식의 이름을 지워버린, 한 아비의 선비 정신이 절실히 요구되는 시대이다.

훈련에 의한 기능적인 설교는 생명을 지켜낼 수 없다. 누구든지 어느 정도 신학을 학습하고, 어느 정도 훈련을 거듭하면 설교를 할 수 있고, 기도, 찬양, 교회 프로그램을 수행할 수 있다. 그러나 영생의 생명을 얻은 하나님의 생명책의 기록은 열람할 수 없다.

목회자들은 진실한 심령으로 자신이 먼저 예수 그리스도의 제자가 되어야 한다. 그리스도 예수께서 주신 영생은, 나의 판단이나 삶의 목적으로 보존되는 구속이 아니기 때문이다. 하나님께서는 지금도 전도의 미련한 것으로 영생의 생명을 허락하시고 계신다.

그래서 전도는 생명 얻는 자의 창조적 본능의 번식 기능이다. 구원받은 기쁨을 생각했더니, 구원 주시기 위하여 십자가를 지신 그리스도를 생각했더니, 죽음과 관계없는 인생을 만들어 주신 그리스도의 부활하심을 생각했더니, 죄 많은 내 영혼을 구원해 주신 하나님의 긍휼을 생각했더니, 불신자의 말로가 너무도 가혹하고 불쌍하다는 확신이 드는 마음으로 그리스도의 복음을 전하는 것이다.

휘영청 달 밝은 중추절이다.
달은 스스로 빛을 발하지 못한다. 태양빛을 받아야 빛을 낼 수 있는 반사체이다. 목회자들은 물론, 성도들 또한 스스로 영생의 빛을 발할 수 없는 피조물들이다.

성도들은 그리스도 예수로 인하여 비로소 빛을 발할 수 있는 달과 같은 반사체이다. 그리스도 예수께서 주신 영생의 생명의 빛을 감사와 은혜로 충만히 받으므로, 중추절 보름달처럼 세상의 빛이 되기를 염원한다.

산소

많은 청소년들이 탁류와 같은 가정을 뛰쳐나와 거리를 배회하고 있다. 마땅한 잠자리를 마련하기 위해, 허기진 배를 채우기 위해 밤거리의 유혹과 범죄에 노출되고 있다.

범죄를 저지른 청소년들은 가정법원의 재판을 통해 그 정도에 따라 훈방 조치되거나 심한 경우 소년원에 구금되어 일찌감치 범죄자라는 낙인이 찍히게 된다.

안타깝게도 청소년 범죄를 다루는 우리나라 법원의 현실은 한 마디로 열악하다. 청소년들의 실수를 용납할 수 없는 열악한 법 구조는 교화시킬 수 없는 형벌적 제재 장치에 머물러 있다.

범죄에 노출된 청소년에 대한 판결이 30분도 채 안 걸리는 현실은, 법원이 교화 기능을 상실했다고 보아도 무방할 듯싶다.

이웃 나라 일본의 경우, 청소년 범죄를 심의할 때 부모는 물론 친척과 친구, 교사 등이 배석하여 다각적인 상담을 진행하고 범죄에 노출된 청소년들이 스스로 자신이 저지른 범죄에 대하여 돌이킬 수 있도록 충분한 시간을 배려한다. 청소년 1명을 판결하는 데 평균 1시간 30분을 할애하고 있다.

그 뿐만 아니라 법원의 판결에 이어 비행청소년들이 거주할 수 있는 주택을 열 명 단위로 국가가 제공하고, 부모 역할을 할 수 있는 부부 복지사를 배정하여 새로운 가정 공동체를 운영하고 있다.

꿈 같이 부러운 현실이다.

물고기는 산소가 없는 탁류에서 살아갈 수 없다.
산소가 풍부한 맑은 물로 옮겨놓아야 생명을 지속할 수 있다. 법의 관용적인 판결도 중요하지만, 법원의 훈방 조치 이후 청소년들은 갈 곳이 없다.

상처 받은 환경이 근본적으로 바뀌지지 않은 가정으로 다시 돌아간다는 것은, 가출과 범죄가 반복되는 악순환을 방관하는 궁여지책에 불과하다. 청소년들에게 새로운 미래와 도전적인 열정을 회복시킬 수 있는 환경이 조성될 때 재범률은 줄어들 수 있다. 국가는 그들이 잠재된 선한 목적을 발견하고 도전할 수 있는 환경을 서둘러 조성하기를 바란다.

침체된 경제를 극복하기 위해 전 세계가 다양한 정책을 시도하고 있다. 각 나라마다 선진국 반열에 들기 위해 경제적 지표를 높이려는 정책들을 쏟아내고 있다. 그러나 선진국이라는 것은 경제적 수치보다 다양한 분야의 문화적 척도로 가늠하게 된다. 문화적 선진이 뒤따르지 않는 경제적 선진 지수는 마치 돼지 목에 걸어놓은 진주 목걸이와 같이 조소적인 수치일 뿐이다.

대한민국은 우선 입시 위주의 고등교육을 과감하게 시정해야 한다.
대한민국의 현재 입시제도 안에서는 청소년들이 다양한 미래를 설계할 수 없다. 입시 위주의 고등교육은 대학 입시를 통한 근시안적인 가치관을 갖게 할 수밖에 없다.

우정과 사랑, 시련과 극복 등 인문학적 접근을 통해 어려운 환경에서도 스스로 꿈을 실천해 나갈 수 있는 가치관이 정립되도록 해야 한다. 이러한 교육 여건은 지금 이 사회가 서둘러 나서서 조성해야 할 시급한 과제이다.

비행청소년들도 모두 대한민국의 청소년들이다.

이 시간에도 거리에서 앳된 웃음을 팔아 허기를 채우고, 동료 학생들을 위협해 빼앗은 돈으로 하룻밤 잠들 곳을 찾고 있는 청소년들이 방황하고 있다. 이들은 미래에 대한 꿈마저 상실한 채 하루살이처럼 살아가고 있다.

생명의 지속을 위해서 반드시 필요한 것은 산소이다.

청소년들에게 필요한 산소는 무엇일까?

청소년 범죄를 다루는 법원과 이들의 상처를 치유하고 잠재된 특성을 찾아주는 연계를 통해, 비행청소년들이 스스로 선한 목적을 발견하고 도전할 수 있는 환경이 서둘러 조성되어야 한다. 불우한 환경으로 상처받은 청소년들이 상처를 치유 받고 새로운 비전을 성취할 수 있는 제도적 뒷받침이 시급하다.

비행청소년들에게 필요한 산소는 미래에 대한 꿈을 찾을 수 있는 환경이다. 꿈과 희망을 성취할 수 있는 환경이다.

복지 선진화를 위한 정책으로 음지의 국민들에게 조금씩 햇살이 비춰지고 많은 부분이 개선되고 있다. 그러나 비행 청소년들을 수용하고 교화시킬 수 있는 환경은 아직 열악하기 그지없다.

국가는 물론 종교단체와 기업인 모두 힘을 모아 비행 청소년들의 탈선과 실수를 포용하고, 반복되는 범죄와의 연결고리를 끊을 수 있는 사회적 뒷받침을 위한 노력을 서둘러 실천하기를 소망한다.

건전한 청소년뿐만 아니라, 비행 청소년들은 모두 대한민국의 미래이기 때문이다.

최소한의 분별력

인간에게 가장 불행한 사건은 분별력을 얻기 위해 하나님을 떠난 불순종의 사건이다. 선과 악을 분별한다는 당위성을 앞세워 하나님의 말씀을 불순종한 인간은, 스스로 하나님의 자리를 차지하였다.

그래서 하나님을 떠난 인생들은 모든 문제를 스스로 판단하고 행동해야 한다.

그러나 자신의 인생이 자신의 것인 양 의기양양하게 살아가고 있는 인간들의 겉모습과는 달리, 하나님을 멸시하고 살아가는 불신자들은 탐심의 구렁텅이에서 물질 축적만을 추구하다가 죽어간다.

많은 사람들이 근본적인 분별력마저 상실한 채 살아가고 있다. 급기야 사람을 죽이는 테러 집단을 스스로 찾아가는 젊은이들이 전세계적으로 늘어나고 있다고 한다. 개탄을 금할 수 없는 비통한 사건이 연일 보도되고 있다.

입시 위주의 교육과, 인간 존엄 사상을 심화시키지 못하는 교육 제도는, 물질과 권위로 인한 안락함만을 추구할 수밖에 없는 가치관을 벗어날 수 없다.

인간의 내면에는, 물질로 인한 안락과는 비교조차 할 수 없는 선하고 정의로운 가치들이 존재하고 있다. 무소유와 나눔, 인애와 희생의 기쁨 등 잠재된 선한 가치를 배양시킬 수 있는 인문학의 빈자리가 너무도 안타까운 교육 현실이다.

그러나 희망은 있다. 테러 집단을 스스로 찾아가는 오판의 청소년이 있는가 하면, 연평도 포격을 가한 북한의 도발에 분개한 젊은이들이 앞을 다투어 해병대를 지원하는 국가관은 전율을 불러일으키기에 부족함이 없다.

부와 명예와 안락함을 택한 일부 성형외과 의사들이 마취 상태의 환자를 배경으로 케이크를 자르고 있을 때, 15시간 이상 대수술을 거듭하고 있는 외과 의사는 개인적인 모든 휴식을 뒤로하고 수술실 옆방에서 잠을 자며 죽음 앞에 선 환자들의 생명을 치료하고 있다.

제가 수술을 하면 생명이 살아나는데 어떻게 쉴 수 있습니까?
이승규 의학박사의 말이다.

모든 인생은 지극히 제한적이고 한시적인 시간 안에 공존한다. 육신의 안락을 위한 물질의 축적으로 즐거워하는 모든 인간들은 한 사람 예외 없이 몇 날이 못 되어 화장장의 한 줌 재로 화하는 것이 인생이다.

인생의 가치는 어떤 것을 소유했는가가 아니라, 어떤 가치관을 가지고 실현했는가에 의해 역사적인 평가를 받는다. 한산섬 달 밝은 밤, 장수 한 사람의 깊은 시름과, '아직 12척의 배가 남아 있다' 는 웅지는 국가를 지켜냈다.

인간들은 모두 벌거숭이로 태어나 벌거숭이로 소멸된다.
자신의 안락만을 위한 물질만능시대이다. 자식에게까지 축적한 물질을 대물림하려는 이기적인 사고는 많은 선한 가치들을 상실시키고 있다. 심지어 목회자들까지도 교회당을 대물림하고 있으니, 개똥을 핥아도 쓴맛을 모를 지경이다.

'어머니를 잘 따르라. 어머니는 현명하시니 너희들을 잘 키우실 것이다'
대한민국 독립을 위해 거사를 앞둔 안중근 의사의 유언이다.

청소년들은 국가의 미래이다.
부모들은 가정에서 물질 축적이 주는 안락한 미래만을 기대하지 말아야 하고, 사회와 학교는 물질보다 큰 인간 가치를 함양시킬 수 있는 인문학의 도입을 실행해야 하고, 국가는 음지의 국민들과 함께 하는 복지제도의 확산을 주도해야 한다. 기업인들과 부요한 자들은 기부 문화의 확산에 기여해야 한다.

그들에게 물질 이상의 아름다운 가치관과 인간 존엄의 인생관을 심어주어야 한다. 인간의 잠재된 내면에는 물질로 채워지지 않는 아름다운 가치들이 즐비하게 내재되어 있다. 젊은이들이 물질보다 숭고한 가치들을 함양할 수 있는, 최소한의 분별력이 생성될 수 있는 문화적 선진 발전을 염원한다.

그리운 것

이것저것 취미로 수집하는 사람들이 늘어나고 있다. 옛날 화폐나 우표, 그림, 도자기, 고서 등을 수집하는 통상적인 개념을 넘어 엽서, 만화책, 로봇, 기념 메달, 체육대회 자료 등 취미의 범주는 다양하게 확대되고 있다.

필자의 지인 중에 스피커를 수집하는 장로님이 있다.
그는 30년 넘게 세계 각국을 돌아다니며 명품 스피커를 수집하는 데 광적인 열정을 쏟아 부었다. 그러던 그가 어느 날 모든 수집품을 다 처분했다고 허허 웃음을 지으며 나타났다.

CD의 기계음이 정교하지만 LP 레코드에서 흘러나오는 추억의 소리를 들려줄 수 없다는, 그의 옛것에 대한 긴 애착의 시간은 지리산을 다녀오면서 끝이 났다.

원음에 가까운 소리를 듣기 위한, 그의 스피커에 대한 열정은 지리산에서 비를 피하기 위해 들른 허름한 민박집에서 무너졌다. 민박집 처마에서 떨어지는 빗소리와 함께 AM 라디오에서 흘러나오는 클래식 음악 한 곡을 우연히 들으며, 그는 30년의 수집 열정을 내려놓기로 결심했다.

비를 피한 처마 밑에서 들린 AM 라디오의 음악은 잡음이 심했지만 어떤 명품 스피커에서 흘러나오는 선율에서도 느낄 수 없었던 황홀함과 정겨움을 들려줬다고 그는 목소리를 높였다. 빗소리와 함께 자연 속에서 듣게 된 AM 라디오의 음악은 자신의 광적인 수집 열정이 부질없는 시간이었음을 일깨워주었다고 술회한다.

세상은 발전이라는 미명 아래 복잡하게 얽혀 있다.
그리운 것들을 상실한 채 문명은 편리하게 변화되고 있다.

현실의 교육제도는 마치 CD가 들려주는 기계음과 같은 후대들을 양산하고 있다. 인문학의 상실은 공경할 대상을 경시해 버렸고, 자신의 정체성과 가치관을 설정할 수 없는 공학 우선의 사회 구조는 마치 스피커를 수집하던 장로님의 기계음과 같다는 생각에 가슴이 쓰리다.

가족까지 처참히 살해하고 죽어가는 가장들의 그릇된 인생관이나, 가난과 질병 등의 시련을 헤쳐 나갈 수 없는 나약한 정신세계 등은, 모두 인문학의 결여에서 비롯되었다고 해도 무방할 듯싶다.

주일 오후, 황학동 풍물시장을 돌며 기독교 관련 사료를 수집하고 있는 필자의 걸음이 어느 때보다 무겁다. 머리에 갓을 쓴 목회자의 모습이 표지를 장식하고 있는 1910년대 화보를 발견한 설렘도 잠시일 뿐, 어두운 터널을 헤쳐 나오지 못하고 있는 한국 교계의 먹구름이 가슴을 쓸어내리게 한다.

목회자들의 타락으로 시작된, 물질 축적과 권위주의로 인해 내동댕이쳐진 한국 교계의 부정부패와 인본주의는 영적 암흑기를 고착화시켰다.

교회당 내에서 울부짖는 기도, 찬양, 설교, 친교 모두 마치 CD에서 흘러나오는 정교한 기계음과 같이 반복되고 있다는 생각을 지울 수 없다.

하나님께서 크신 긍휼로 가슴을 여시는 간구, 영생 얻은 감격과 감사의 찬양, 그리고 물질을 내려놓은 청지기 목회자의 설교가 사무치게 그립고도 그립다

삼(三) 세 번

인생은 누구나 한 번쯤 크고 작은 실패를 경험한다.

인생살이가 고추보다 맵다는 유행가처럼, 인생살이는 생각대로 이루어지는 결과가 많지 않다. 그래서 사람들이 살아가는 세상을 고해(苦海)라고 말한다.

이 시간에도 인생들은 성공이라는 목표를 성취하기 위한 열정과 노력으로 지극히 경쟁적인 인생살이를 갈구하고 있다.

그러나 성공하기 위한 인생들의 가치관에 따라 그 결과는 극명한 대립으로 나타날 수 있다. 그렇기 때문에 인생들은 성공이라는 목표를 성취하기에 앞서 어떠한 가치로 삶의 굴레를 설정하는가에 숙연해져야 한다.

선한 목적을 위한 성공이 아니라면 도덕적인 의미로 볼 때 성공이 아닐 수 있다. 선한 목적과 대치되는 목적들도 성공이라는 미명 아래 악화를 구축하고, 심지어 도둑, 강도, 패륜적 범죄자들까지도 천인공노할 결과 앞에서 저마다 가증스러운 당위성을 내세운다.

인생들은 실수할 수 있다.
실수를 통해 보다 성숙한 경륜으로 선한 목적을 찾아내고 정진할 수 있다. 실수를 덮기 위한 거짓과 위선은 선한 목적과 대치되는 악(惡)을 수용하게 한다. 실수는 반복될 때 악화를 구축하고, 후회하고 회개할 때 선한 목적을 잉태시킨다.

하나님께서는 인생들에게 감당할 수 있는 시험만을 허락하시고, 혹이나 감당하기 어려운 시련이 닥칠 때면 피할 수 있는 수단과 방법을 제시하신다고 성경을 통해 격려하고 있다. 또한 일곱 번씩 일흔 번이라도 용서하라는 관용을 가르치면서 인생들의 실수를 포용하신다.

불행하게도 대한민국은 대통령들의 방만한 국정 운영과 위정자들의 탐심으로 지나온 삼십년의 여파로 극도의 어려움에 처해 있다.

전두환, 노태우의 부정 축재, 김영삼·김대중의 지역주의 조장과 친인척 비리, 사회·도덕적으로 국민들에게 악영향을 미친 노무현의 자살과 부적절한 인사 등용, 이명박의 국책 사업 실패, 박근혜의 비선 국정 농단까지 삼십 년을 거꾸로 달려온 대한민국은 극심한 경제 침체와 모멸감으로 혹독한 겨울을 보내고 있다.

더 이상 국정 최고 책임자의 고집에 가까운 신념과 가치관으로 뒷걸음치는 실수가 반복되지 않기를 염원한다. 때로는 아무리 뛰어난 인재일지라도 국민의 정서에 반한다면 등용해서는 안 되는 것이 인사의 상식이다. 이 사람이 아니면 안 된다는 식의 인사와 그 사람이 그 자리에 없음으로 조금은 불편해질 수 있는 환경들은, 최고 통치자라 할지라도 수용하고 감당해야 하는 것이 국민들의 인사에 대한 시선이다.

민심은 곧 천심이고, 인사는 곧 만사이다.
최고통치자를 잘 알고 있는 사람이 중용되는 인사는 올바른 인사가 아니다. 각 분야에서 최고일 수 있는 전문가들이 전진 배치될 때 국가 발전은 기약할 수 있다.

대통령 자리는 신세 갚는 자리가 아니다.
새로운 정권은 공정하고 참신한 인사를 통해 잃어버린 삼십 년의 위정에서 벗어나 희망찬 미래를 제시하기를 바란다.

대한민국 국민들은 숫자 중, 석 삼(三) 자를 선호한다.

숫자 3은 부족함이 없는 넉넉한 느낌이다. 한 번의 실수, 두 번의 실수까지도 포용하는 정겨운 숫자이다.

어려운 환경에 처한 이웃들, 실의에 빠진 기업인들, 입시에 지친 학생들, 박봉의 근로자들, 양육비, 교육비에 지친 주부들, 취업의 좁은 문틈에 끼인 청년들까지 모두 새 힘을 얻기를 염원한다.

삼 세 번이다.

오뚜기처럼 일어나 큰 호흡으로 하늘 한번 우러르고 국민 모두 삼 세 번 도전의 열정을 회복하기를 바란다.

여행을 꿈꾸는 시간

잠시 눈을 들어 하늘을 보면 맑은 소리가 들리는 듯하다.
세상 소음을 막아주는 구름 한 결이 정겹다.

핸드폰 울림, 자동차의 굉음, 한 달이면 쌓이는 각종 고지서들을
바라보노라면 일상에서 벗어나고 싶은 열망이 쌓인다.

더군다나 사회 지도층 인사들의 성범죄와 정치인들의 감언이설,
권력을 남용한 각종 비리들이 매스컴을 오르내리는 현실은 생활
고에 지쳐가는 서민들의 분노를 가중시키고 있다.

국방, 금융, 지방 자치단체까지 공적 자금이 존재하는 자리는 대

부분 비리의 온상이 되었다. 공적 자금은 억만금이 소모되더라도 자신에게만 유익이 되면 그만이다. 국민의 혈세는 소모품에 불과하다.

불법과 위법, 부정부패가 난무한 세상 풍조는 여행길을 재촉하는 촉매제와 같다. 세상과 일순간이라도 분리되고 싶은 쓰라린 마음은 단기간의 여행이라도 떠나지 않으면 못 살 것 같은 울분을 키운다.

그러나 주어진 일상의 시간은 여행의 꿈을 쉽사리 이룰 수 없는 환경이다. 일상을 떠나고 싶은 열망들은 무의식 속에서 동굴의 석순처럼 자란다.
여행의 꿈을 이룰 수 있는 시간은 언제일까?

과연 다 쓰고 남는 시간에 여행을 떠날 수 있을까?
계절이 바뀌는 길목마다 여행을 하고 싶은 피안의 소리는 인생 자체가 유한한 나그네 길임을 일깨워주기에 충분한 울림이다.

세상 소음에 지친 서민들에게 여행은 소망을 넘어 존재 이유일 수 있다.
불신의 세상과 소통할 수 없는 무기력을 자연 속에서나마 치유 받고 싶은 피안이 여행이다. 여행은 언제나 아련한 향수를 모은다. 질펀한 장터의 입담, 수려한 산야, 끈적끈적한 해풍, 그리고 여행길에서 듣게 되는 사연들은 고단한 인생길의 애환을 달래준다.

구정 연휴가 다가오고 있다.
아름다운 만남의 자리가 아닌, 귀신에게 예를 올리는 제사를 중심으로 모이는 가족이 적지 않을 터이다. 민속과 전통이라는 미명 아래 어두운 우상숭배의 그늘이 활개를 칠 수 있는 시간이다.

늙은 부모님의 재산을 차지하기 위한 역겨운 샅바 싸움이 일어날 수 있다. 형제·자매간에도 빈부격차로 인한 자격지심과 거드름 으로 울컥할 수 있는 시간일 수 있다. 가치관이 다른 젊은 세대들은 무심코 던진 기성세대의 덕담 때문에 귀를 막아야 할 시간일 수 있다.

그래도 대한민국은 들썩인다.
귀성 길은 모두가 떠나는 여행길이기 때문이다.
일상을 접을 수 있는 시간이기 때문이다.

그러나 집에서 사흘 내내 잠만 자고 싶은 직장인·사업자들이 적 지 않을 터이다. 하루 종일 뒤치다꺼리로 등골 휘는 명절증후군을 원천봉쇄하고, 해외여행을 선택하는 가족들도 늘어나고 있는 추세이다.

현대인들은 휴식을 갈망한다.

정신의 쉼을 동반하지 않는 여행은 여행일 수 없다.

불현듯 중국에서 이천만원을 착복한 세무 공무원이 사형 집행되었다는 보도를 접하면서, 대한민국에서의 각종 비리에 대한 솜방망이 처벌과 비교가 되어 쓴웃음이 난다.

적어도 공적 자금 비리, 유아를 상대로 한 범죄, 식품 범죄에 대해서는 재범의 시간을 주지 않고 장기간 격리하는 법령이 시급히 개정되기를 갈망한다.

정원의 도시, 순천을 다녀올까?
대한민국 비리의 시계는, 여행을 꿈꾸게 하는 탄식의 시간이다.

공감

누군가가 자신의 이야기를 들어주면 기분이 좋다.
별것 아닌 이야기에 고개를 끄떡이며 진지하게 들어주는 상대방
의 모습을 바라보면 마음이 따스하고 평안함을 느끼게 된다.

명절 연휴 내내 우리들은 많은 담소를 나누었다.
세대를 넘나들면서 사람 사는 이야기를 듣고 전하며 반가운 만남
과 건강한 안녕을 기약했다.

세상은 공감을 요구한다.
적당한 타협과 견제를 수용하며, 서로에게 공감대가 형성되기를
원한다.

어쩌면 인생은 가장 가까운 관계에서부터 크고 작은 공감을 근원으로 신뢰가 형성되는 과정일 수 있다.

그러나 많은 사람들이 살아온 과정에서 형성된 고정관념으로 인하여 소중한 관계들이 무너지는 상처 속에 살아가고 있다. 급격히 증가되고 있는 이혼율이나 결혼을 기피하는 청소년들의 의식은, 타인과의 공감에서 출발되는 결혼을 신뢰하지 못할 제도로 여기는 지경에 이르렀다.

안타까운 파경의 가정들을 바라보면서, 교육비에 지쳐 있는 가정들의 피곤함을 바라보면서, 미래의 결혼 당사자들은 쉽게 결혼을 포기하는 사회 현상이 나타나고 있다.

결혼을 포기함으로 자유스러운 취미 활동이나 고비용의 여행까지를 마음대로 계획할 수 있고, 허리를 휘게 하는 자녀 양육비·교육비를 지출하지 않게 됨으로 건강한 노후를 보장받을 수 있다는 의식이 점점 확산되고 있다.

남녀의 교제는 늘어나고 있는데, 결혼을 수용하는 남녀는 기하급수적으로 줄어들고 있다. 교제할 상대가 없으면 그저 심심하고 따분하고, 교제할 대상을 만나면 피곤하고 거추장스럽다는, 소모품 같은 만남이 고착화되고 있다. 만남과 헤어짐을 반복하면서 동반되는 일방의 상처들은 불신의 사회를 가속화시키고 있다.

서로에게 공감할 수 없는 인과관계는 견제 기능만 양산한다.

절대 공감과 절대 신뢰를 근본으로 연합되는 결혼 제도가 서로에게 불이익이며 속박일 수 있다는 접근은, 건강한 미래를 보장할 수 없다. 희생과 헌신을 기꺼이 수용하는 만남은 바보나 수용할 행동처럼 여기는 인식은, 아름다운 내면의 가치들을 사장시키고 있다.

하나님께서는 아담이 독처하는 것을 안타깝게 여기시고, 남자의 갈비뼈를 근본으로 여자를 창조하시고 동거의 축복을 허락하셨다. 그리고 기꺼이 스스로 인생들의 아버지가 되셨다.

결혼은 창조주의 선물이다.

하나님께서 축복으로 주신 결혼은 극치의 사랑과 희생을 발휘하게 되는 아름다운 동행이다. 그리고 눈에 넣어도 아프지 않을 자녀를 낳고 기르게 되는 축복은 인생이 누릴 수 있는 가장 숭고한 사랑의 실천이다.

우리는 서로에게 공감해야 한다.

공감할 수 있는 이야기를 토로해야 한다.

군대 이야기, 호랑이 담배 피우던 시절 이야기, 증명할 수 없는 과거 이야기, 과장된 우월감, 초월, 신비를 동반한 무용담 등은 이제 제발 덮어 두고, 상대방이 공감할 수 있는 담소가 아니라면 입을 다무는 것이 현명한 행동일 수 있다.

공감은, 입을 열 때 형성되는 것이 아니라 귀를 열 때 형성된다.

공감은, 상대방의 귀를 통해 가슴에 부딪쳐야 되돌아오는 메아리이다.

클로즈업

현대인들은 너무도 근시안적인 가치관으로 살아간다.

수렵시대나 농경 문화권에서는 일의 능률을 위해서라도 멀리 바라볼 수 있는 환경이 일상인 데 반해, 현실은 좀처럼 먼 곳을 응시할 환경을 찾기가 무척이나 힘들다.

때로는 취미 생활이나 여행 등을 통해 재충전의 시간을 가져 보려고 안간힘을 다해 보아도, 좀처럼 마음의 안식을 찾기가 쉽지 않다.

지금 우리는 인생 나그네길 어디를 걷고 있는가?

먼 곳으로부터 범위를 좁혀서 확대해 보면, 우리가 걷고 있는 우리의 세상살이를 자세히 들여다 볼 수 있다.

먼저 먼 곳을 바라보면, 우리가 살아가고 있는 지구는 심각한 환경오염을 언제까지 버텨낼 수 있을지 심히 우려되는 수준으로 몸살을 앓고 있다. 천적이 없는 인간은 지구가 수용하기에 벅찰 만큼 증가하고 있다.

지구촌 인생들은 모두의 공존을 위해 어떤 활로를 모색하고 있는가?
화합과 공존보다는 자국민의 유익을 위한 대립으로 총성 없는 경제 전쟁을 치르고 있다.

인간의 전쟁사를 거슬러 올라가 보면, 만들어 놓고 사용하지 않은 무기는 없다. 핵무기는 세계 도처에 무장되어 있고, 언제 깨어질지 모를 위태한 규약으로 묶여 있다. 북한의 망동, 일본의 군국주의 회귀, 러시아의 위험천만한 침략, 이스라엘을 둘러싼 중동의 용광로, IS의 잔학한 테러 등은 악의 축으로 실존하고 있다.

영적으로도 인류는 패망일로를 걷고 있다.
인간이 인간을 숭배하거나 자연을 숭배하는 우상숭배는 난립하여 세력을 확장시키는 데 반해, 예수 그리스도의 복음은 점점 희미해지고 있다. 이스라엘은 이미 영생의 길을 열어놓으신 그리스도 예수를 부인하고 아직도 구약 시대에 머물러 있다.

대한민국은 어디를 걷고 있는가?
뿌리 깊은 부정부패, 성 추문, 아동 학대, 불량식품 제조 등 원초적인 범죄는 솜방망이 처벌로 인하여 반복되고 있다. 빈부의 격차는 실의의 깊은 골로 나뉘어 자살을 가중시키고 있고, 경악을 금치 못할 패륜적 범죄는 가슴을 울렁거리게 하고 있다.

사회 정화의 마지막 보루인 교회마저 목회자들의 타락으로 흉악한 몰골을 드러내고 있으며 신본주의 가치관은 뿌리째 흔들리고 있다.

"회개하라 천국이 가까웠느니라 ~" (마 3:2)

하나님께서는 이미 이천여년 전에 세례 요한을 통해 인생들에게 경고하셨다. 천 년이 하루 같은 하나님의 시간 안에서 성도들은 지금 하나님의 진노를 두려움으로 기다리고 있어야 한다. 풍진의 세상에서 육신의 안락과 풍요만을 소유하기 위한 몸부림의 일상을 돌이켜야 한다.

우리는 오늘 영원한 생명을 주신 하나님께, 인류 구원을 위해 기꺼이 십자가를 지신 독생자 예수 그리스도께 진실한 감사함으로 경배를 드리고, 하나님 나라 백성으로서의 헌신을 기꺼이 수행할 수 있는 회개의 무릎을 조아려야 한다. 신실한 마음과 진정한 전심으로 경배를 드려야 한다.

골방에서 자신의 심령을 세세히 관찰할 수 있는 클로즈업을 해야 한다.

슬그머니

누구나 인생을 살면서 이러지도 저러지도 못하는 상황에 처할 때가 있다. 많은 시간을 고민해 보아도 좀처럼 풀리지 않는 환경 때문에 몸도 마음도 고단할 때가 있다.

자장면을 먹을까 짬뽕을 먹을까 고민하는 즐거움과 사뭇 다른, 중대한 결단이나 치우침 없는 처세를 요구하는 상황 앞에서 진퇴양난일 때 인생들은 심한 괴로움에 직면한다.

대한민국은 지금 주변 열강들의 힘겨루기로 곤란한 상황이다. 미국과 중국의 샅바 잡기 싸움을 지켜보기가 괴롭다. 더군다나 시누이 같이 표독한 눈을 치켜세우고 있는 북한과 일본의 존재도 괴로움을 가증시킨다.

중국은 공개적으로 한반도 사드 배치를 거부할 것을 요구하고 나섰다.
핵무기를 개발할 수 없는 국제 협약으로 대한민국은 방어적 사드 시스템이나마 배치하지 않을 수 없다. 진퇴양난이다.

싸움은 북한의 핵무장에서 시작되었다.
핵무기 공격에서 대한민국 국권을 효율적으로 지키기 위한 군수 보강은 시급히 처리해야 할 주권적 대책이 분명하다.

그러나 사드 시스템이 북한의 핵무장에 대한 수비적 의도로 배치하는 군수 보강이지만, 그 영향력이 중국에까지 미치는 현실은 주권적 방어 시스템일망정 중국과의 엄청난 경제 교류 앞에서 쉽게 행할 수 없는 상황은 분명하다.

오랜 시간 대한민국의 어깨에 손을 얹은 미국 국방력에 의존하여 대한민국 국권을 지켜내야 한다. 그러나 중국 제품이 일상생활의 많은 부분을 차지하고 있는 현실은, 중국과의 동반 없이 풍요의 미래를 기약할 수 없기 때문에 심히 괴로운 결단 앞에 처해 있다.

미국은, 자국 영토에 북한의 핵폭탄이 떨어진다 해도 대한민국을 수호하기 위해 핵우산 국가의 역할을 수행해 줄 수 있을까?

중국은, 대한민국이 주도하는 남북통일을 위해 일정 부분 역할을 감당해 줄 수 있을까?

대한민국의 영토는 대한민국 국민이 지켜야 한다.

북한의 핵무기 공격을 견제해야 할 대책이 시급하다. 경제적 빈부 격차가 아무리 커도 무력 앞에 빼앗길 수 있는 힘의 논리 앞에 대한민국은 자유로울 수 없다. 소총 열 자루보다 대포 하나가, 대포 열문보다 전투기 한 대가, 전투기 열 대보다 핵폭탄 하나가 전쟁의 승리를 보장한다.

모든 상황은 역사가 판단한다.

지혜로운 판단과 과감한 결단만이 후대에게 값진 선물을 이어줄 수 있다. 대한민국 국민은 새로운 가치를 창출하고 결속하고 대동 단결해야 한다.

가족의 안녕을 포기하고 구국의 의지로 대한민국을 지켜낸 선열들 앞에서, 지금 대한민국 국민과 지도자들은 균열 없는 한 목소리로 대한민국의 재도약을 위해 결집해야 한다.

반드시 부정부패를 척결하고 단죄하며, 제 한 몸, 제 자식, 제 가정에 몰입된 가치관을 타파함으로 가정보다 사회, 사회보다 국가를 위해 헌신해야 할 가치관으로 재무장되어야 한다.

벌거숭이로 태어난 인생이다.

재물을 축적했다면, 풍요와 안락을 제공한 사회와 국가의 미래를 위해 기부하고 음지의 인생들과 희락을 공존해야 한다.

슬그머니 착복한 불법의 재물들을 토해놓고, 슬그머니 결탁한 비리를 돌아보고 통곡하며, 슬그머니 기부하는 문화가 국민 모두의 가치관으로 정착되기를 소망한다.

사드 배치를 둘러싼 대한민국의 진퇴양난은 어떻게 처리해야 할 것인가?

미국과 중국이 머리를 맞대는 자리를 제공하고, 슬그머니 자리를 비켜 앉아 뒷짐 지고 헛기침을 하는 것도 상책이요, 슬그머니 핵무기를 만들기 시작하는 것도 백년대계를 위한 최상책일 수 있다. 어찌됐건 지금의 진퇴양난은, '슬그머니' 처리하는 것이 현명하다.

스트레스

세상살이는 근심의 연속이라 해도 과언이 아니다.

살다 보면 누구나 크고 작은 근심거리와 맞닥뜨리게 된다. 온갖 방법을 다 동원하고 지혜를 모아 보아도 좀처럼 근심의 환경을 벗어날 수 없을 때 인생들은 좌절한다.

근심의 환경을 벗어나려는 몸부림은 오히려 질병을 유발하는 원인균이 되어 온몸을 쇠약하게 만든다. 현대인들에게 가장 무서운 질병의 원인이 스트레스임이 밝혀졌다.

그래서 많은 사람들이 스트레스를 덜 받기 위해 여가를 즐기고 여행을 계획하며, 취미활동을 하고 근심의 환경을 축소하려는 노력을 기울인다.

그러나 오랜 불황 속에서 자신만을 위하여 시간과 물질을 할애할 수 없는 서민들의 입장에서는, 스트레스를 해소할 수 있는 여건을 조성하기가 매우 힘들다. 그저 선술집에서 기울이는 소주 한 잔이 스트레스를 해소하는 서민들의 보편적 위안이다.

그렇다면 성도들은 어떻게 스트레스를 풀어야 하는가?
세상 즐거움 다 버린 기쁨을 믿음으로 승화시키지 못한 성도들은, 그저 스트레스 속에 전전긍긍하는 두 얼굴의 세인(世人)일 뿐이다. 세상 풍조에 젖어 눈 딱 감고 와자지껄해 본들 다음 날 찾아오는 것은 돌이키고 싶은 후회의 심령뿐이다.

얼마 전 신학대학 학위 논문을 감수해 달라는 제자의 부탁을 받았다.
논문의 조사에 의하면 일반인들보다 크리스천들이 더 많은 스트레스를 받고 있으며, 목회자들의 평균 수명 또한 일반인들보다 현저하게 떨어졌다. 스트레스를 해소하지 못한 결과라는 부연 설명이 덧붙어 있는 연구 결과를 보면서 안타까운 마음으로 크리스천들의 내면을 들여다보게 되었다.

"너희의 믿음의 역사와 사랑의 수고와 우리 주 예수 그리스도에

대한 소망의 인내를 우리 하나님 아버지 앞에서 쉬지 않고 기억함
이니~" (살전 1:3)

하나님께서는 스트레스를 멀리할 수 있는 환경을 인생들 스스로
배양할 수 있도록 아름다운 정신세계를 창조해 주시고 지침까지
마련해 주셨다.

"너희는 마음에 근심하지 말라 하나님을 믿으니 또 나를 믿으라"
(요 14:1)

물질의 풍요에 관한 어떠한 언급도 없다. 믿음으로 얻는 평안만이
스트레스를 받지 않는 유일한 대안임을 분명히 하신다. 인생들은
근심의 시간을 많이 갖는다 해서 근심을 해결할 수는 없다. 하나
님께서는 오늘 근심이 오늘에 족하다고 확언하신다.

"너희 중에 누가 염려함으로 그 키를 한 자나 더할 수 있느냐" (마
6:27)

영생의 은혜를 덧입은 자들은 풍요의 환경, 명예의 환경, 안락의
환경, 모든 것이 덧없는 나그네 인생길의 미련한 육신의 욕망임을
인식하는 가치관으로 삶을 영위해야 한다.

크리스천들은 세상이 알지 못하는 날을 기다리고, 기대하고 살아

가는 성도들이다. 그리스도의 재림의 날을 소망으로 천국 입성을 확신하고 살아가는 하나님의 백성들이다.

"밭에 있는 자는 겉옷을 가지러 뒤로 돌이키지 말지어다" (마 24:18)

크리스천들에게 스트레스가 쌓인 것은, 자신의 믿음을 돌아보는 시간, 하나님을 찾아야 하는 시간, 그래서 믿음이 장성하는 시간 이다.

징조

어떤 사건이 발생하기 전에, 반드시 징조가 나타난다.

일본, 중국에 이어 네팔의 강진으로 지구촌이 공포에 떨고 있다.

지구의 지각 판이 충돌하여 발생되는 지진은, 충돌 후 서서히 물러나는 과정을 통해 서로의 간격이 커지기 때문에 점점 더 큰 지진을 몰고 올 수 있다.

빙하가 녹아내리고 해수면이 높아져 해일과 풍랑이 빈번한 가운데 사계절의 변화가 뚜렷한 한반도도 예외 없이 아름다운 봄과 가을이 눈에 띄게 줄어들었다.

지구는 발열 상태의 고온을 힘겹게 견디고 있는 상황이다.

고온이 지속되면 지구는 붕괴될 수밖에 없다.

성경의 경고대로, 처처에 기근이 있고 지진이 빈번하며, 민족이 민족을 죽이는 처절한 징조들이 지구촌 곳곳에서 발생되고 있다.

풍요로운 국가의 국민들은 상상할 수조차 없는 가난으로 하루 한 끼를 먹지 못하고 있는 극빈층이 10억 명 넘게 지구촌에 공존하고 있다.

대륙마다 크고 작은 지진들이 발생하고 있으며, 이슬람의 대립과 세계를 향한 IS의 무차별적인 테러는 인간 존엄이 말살된 말세지 말(末世之末)의 징조가 분명하다.

그러나 이러한 징조들이 나타나도 아직은 끝이 아니라고 계시하고 있는, 성경이 말하고 있는 종말은 언제일까?

성경은 복음이 땅 끝까지 전파된 후에야 끝이 오리라고 계시하고 있다.

중요한 것은, 복음이 다 전파된다는 뜻의 참된 의미이다.

복음이 다 전파된다는 뜻은, 지구촌 모든 인간이 영생의 복음을 수용한다는 의미가 아니다. 하나님께서 영생을 주시고자 택하신 인생들에게만 영생의 빛이 비춰진다는, 지극히 제한적인 상황으로 해석하는 것이 옳은 판단이다.

오늘날 대한민국의 풍요는 국가의 위기 상황 때마다 분연히 일어난 국민들의 결집과 더불어, 이 순신 장군이나 안 중근 의사처럼 기꺼이 개인의 안락을 포기하고 정신적 구심점이 된 지도자들이 있었기 때문에 가능한 도약이었다.

그러나 안타깝게도 한국 교계는 지금 몰락의 길을 걷고 있다.
재물 축적으로 철면피가 된 목회자, 음란으로 철면피가 된 목회자, 끊임없는 명예의 암투로 철면피가 된 목회자들이 언론과 매스컴을 장악한 채 타락한 자신들의 모습을 방조하고 있다.

영적 구심점을 잃은 크리스천들의 활로는 그리스도 권세를 회복하는 길이다. 그리스도 권세는 창조주의 권능이다. 죽음을 이기신 권능이며 천국 입성을 주도한 권능이다.

성도들은 모두 그리스도 권세로 인하여 영원한 천국 생명 잔치에 초대되었다. 그리스도 권세가 없는 크리스천 사회는 수많은 행위 종교 중 그저 취향이 비슷한 또 하나의 집단일 뿐이다.

"예수께서 그리스도이심을 믿는 자마다 하나님께로서 난 자니~" (요일 5:1)

그리스도가 희미해진 목회자들의 타락은, 한국 교계의 몰락을 넘어 말세지말(末世之末)을 예고하는 징조가 분명하다.

영생 얻은 자의 삶

그리스도 예수께 영생을 얻은 자의 삶은 단언컨대 영화로울 수 없다.

진정으로 영생을 얻은 성도에게는 헌신이라는 새로운 물질관이 형성되기 때문이다. 예수 그리스도로부터 값없이 영원한 생명을 얻었기 때문이다.

가난한 이웃들과 소외된 계층들을 돌아보는 가치관이 형성되기 때문에 물질을 축척하려는 탐심을 수용하지 못한다. 선한 목적을 실현하기 위하여 땀 흘려 수고하는 것은 물질을 축척하기 위함이 아니다. 영화로운 삶을 유지하거나 호사스러운 삶을 성취하고자 함이 아니다.

영생 얻은 자의 삶은 자신의 성품이나 자질에 관계없이 그리스도 예수께 얻은 영생의 기쁨이 배가되기 때문에 육신의 삶에 대하여 검소해질 뿐만 아니라 육신의 인생에 대한 소욕적 삶을 원천적으로 제어할 수 있는 헌신의 힘이 생성된다.

대한민국은 그리스도 예수의 은혜를 받은 사람들이 천만 명이라는 통계 자료를 내놓을 만큼 하나님의 축복을 받았다. 그러나 여전히 십일조를 실천하지 않고, 나눔의 가치관과 복음을 위한 헌신적 물질관이 형성되지 않은 사람들 또한 교회당 내에 가득하다.

인생들끼리 영생을 얻은 자를 분별할 수는 없다.
다만 물질에 대한 소욕을 내려놓거나 청백리의 삶을 실천하는 성도의 물질관을 엿보고 영생을 얻었으리라 유추할 뿐이다.
성도들의 물질관이 믿음의 잣대일 수 있음은, 세상 물질관은 물질에 대한 애착으로부터 자유로울 수 없기 때문이다.

성경은 하나님과 물질을 겸하여 섬길 수 없다고 준엄하게 경고하고 있다. 옹색한 물질관을 가지고 교회당을 수십 년 드나들었다고 성도일 수는 없다. 물론 집사, 권사, 장로, 목사 등 직분자일 수는 있겠으나 하나님과는 관계없는 집단에서의 호칭일 뿐일 수 있다.

물질은 예수 그리스도께로부터 먼저 영생 얻은 자들이 영생의 생명을 번식시키는 위한 도구로 쓰일 수도 있으나 하나님을 대적하는 사탄의 도구로 이용당하기 쉬운 탐심의 원천이다. 그러므로 성도들의 물질관은 매우 중요한 믿음의 척도일 수 있다.

영생을 얻은 자는 헌신과 나눔을 기쁨으로 실천한다.
제 자식들에게만 풍요를 나누어 주려는 욕망에서 벗어나지 못한 물질관이라면 교회의 직분과 관계없이, 영생과는 무관한 개인적 혹은 집단적 신념일 수 있다.

교회의 모든 행사에 적극적인 참여를 행할지라도 물질의 헌신을 동반하지 못한다면 영생 얻은 자의 모습이 아닐 수도 있다. 성경 속에 나타난 영생 얻은 자의 모습은 물질의 헌신을 동반할 뿐만 아니라 물질에 대하여 일말의 탐심도 없었음을 쉽게 알 수 있다.

고린도후서 6장 이하를 보면, 하나님의 일꾼으로 자진한 전도자들에게 닥친 현실은 오래 참음과 많이 견디는 것, 환란, 궁핍, 곤란, 매 맞음, 갇힘, 자지 못함, 먹지 못함 등 극한 환경이었다. 그러나 그들은 성령의 감화와 진리의 말씀, 십자가의 의로움을 병기로 삼고 생명의 복음을 전하는 일을 멈추지 않았다.

세상은 급변하고 있다.
온갖 문명의 편리가 육신의 안락을 미끼로 신앙인들의 삶을 퇴색시키는 세상이다. 불행하게도 노아가 방주에 들어가는 그날까지도 먹고, 마시고, 장가들고, 시집가고, 홍수로 죽어가면서도 깨달지 못한, 그 시절의 영적 어두움과 같은 현실이다.

"홍수가 나서 저희를 다 멸하기까지 깨닫지 못하였으니 인자의 임함도 그러하리라" (마 24:39)

타락한 노아의 때를 심판하신 것처럼, 그리스도의 심판의 날이 다가오고 있다. 그리스도의 재림은 반드시 실행될 하나님의 약속이다. 그리스도의 재림은 성도들의 영혼이 밝은 울림으로 준비될 때를 고대하고 있다.

영혼의 등불은, 영생 얻은 자들이 물질에 대하여 초월적인 가치관으로 무장될 때 밝혀지는 빛이다. 그래서 영생 얻은 자들은 마땅히 세상의 부요를 내려놓고 하늘의 부요를 꿈꾸는 미련한 가치관으로 살아간다.

"근심하는 자 같으나 항상 기뻐하고 가난한 자 같으나 많은 사람을 부요하게 하고 아무것도 없는 자 같으나 모든 것을 가진 자로다" (고후 6:10)

병문안

찬바람 한가득 새벽달이 둥글다.
어스름 여명에 코스모스 길이 어둑하다.
어머니가 다가온다.

"송 영애 님 보호자님, 첫 번째 수술입니다."

모진 풍파 등짐 지고 걸어오신 어머니의 가녀린 무릎이 기어코 망
가졌다. 이미 연골이 파괴된 고통을 감내하면서 팔순까지 버티고
버틴 무릎이다. 수술을 해야 한다. 괴사된 뼈의 일부를 이식하고
인공 관절을 삽입할 수 있다는 진단 결과가 천만다행이다.

왼쪽 가슴에 이름표를 달고 넓은 운동장을 들어서던 초등학교 입학식 날의 당혹스러움은 식은땀이 배인 손을 움켜쥐신 어머니의 미소로 넉넉히 이길 수 있었고, 동태머리만 고집하시던 그분의 국그릇에 투실한 동태 살을 넣어드리기까지 오십 년을 넘어왔다.

어머니의 가슴에 먹물을 엉기게 한 말썽 많던 청소년기에서부터 사업 실패로 수감자가 되었던 암울한 기억들까지 어머니는 극한 상황마다 항상 곁을 지켰다.

마음 편히 잡수세요, 아들.
세상 별거 없습니다.
열 번, 백 번 뜻대로 안 되도 나쁜 마음먹으면 절대로 안 됩니다.
다 지나고 나면 잘했다 싶은 게 인생살입니다, 아들.

지혜로운 여동생들 세 명의 미래보다 더 소중했던 외아들은 언제나 밖으로 나돌았지만, 어머니의 사랑은 결국 위험천만한 청소년기의 방황을 물리치셨다.

두 아들을 둔 가장의 입장에서 사업을 실패한 참담함은 자살의 유혹을 쓸어안았고, 철길 변에 앉아 막소주를 들이킬 때마다 엄습해오던 죽음의 그림자마저도 끝내 어머니를 이길 수는 없었다.
가슴속에 씨앗을 뿌린 어머니의 사랑은, 귀밑머리 희어진 오십에 서야 새순이 돋는 듯싶다. 일백 년은 족히 지나야 싹을 튼다는, 아

마도 살아서는 보지 못하는 꽃이 어머니의 사랑 꽃이라는 전설이
가설만은 아닌 듯싶다.

어머니는 그 많은 씨앗을 언제 뿌렸는지 모른다.
어머니가 뿌린 씨앗의 이름이 사랑이라면, 어머니는 언제나 씨앗
주머니를 매달고 다녔다. 긴 세월 사람들에게 발견되지 않은 동굴
의 종유석처럼, 어머니의 씨앗은 가슴 속에서 아주 작은 미립자로
인고의 시간을 지나왔다.

아들의 존재만으로도 기쁨임을 느끼게 한 어머니의 씨앗은 결국
새로운 지평을 열게 했다.

사건이 터졌다. 칼에 맞아 동맥이 끊어졌다. 출혈과다로 의식을
잃은 16시간 동안 지옥을 보았다. 의식을 회복하면서 줄곧 목사가
되고 싶은 생각이 떠나질 않는다. 우상숭배 가문을 불쌍히 여기
신 하나님의 큰 사랑인 줄도 모르고 시작한 신학대학원은 그저 세
상살이를 잊으려는 도피처였다. 그러나 지나고 보면, 집안에 있던
염주, 불경을 모두 소각하고 가문 복음화를 이루신 하나님의 장대
하신 인도하심이다.

송 권사님, 힘내세요.
이젠 권사님이 힘을 내셔야 합니다.

맛난 반찬을 보자기에 싸 들고 기다리는 엘리베이터가 오늘따라
유난히 느리다.

생로병사의 시간

세월은 유수와 같다.

잠시의 젊은 시절이 분주한 경주 속에 지나가고 일가(一家)의 가장으로 동분서주하다 보면, 언제인지도 모르게 중년을 맞이하게 된다. 이제 큰 등짐을 몇 개 내려놓고 기지개라도 한번 켜 볼라 치면 시위를 떠난 화살과 같은 쾌속의 세월 앞에 서게 된다.

허무할 수 있다.

제대로 몇 날 살아보지도 못한 것 같은데 벌써 장년이다.

노후를 준비할 겨를도 없이 분주하게 살아 왔다.

하늘조차 편한 마음으로 묵시해 보지 못한 시간이다.

걸음걸이는 어느새 느려졌고, 작은 높이의 장애물 앞에서조차 뛰어넘으려다 멈추게 된다. 혈압은 높아지고, 콜레스테롤과 중성지방, 체지방 수치는 위험수위를 넘나든다. 운동과 절제만을 강조하는 건강검진 담당의사의 획일적인 권면이 귓불을 스친다.

12월이다.
떡국 한 사발 유쾌하게 비운 설날이 엊그제 같은데 어느새 또 한 해의 끝에 서 있다. 인생의 끝자락이 손에 잡힐 듯하다. 귀밑머리가 희어진 세월은 이제 육십의 재를 넘어야 한다.

생로병사(生老病死)의 인생.
절체절명의 사(死)앞에 누워 있는 사람, 병사(病死)를 앞에 두고 안간힘을 다하고 있는 사람들 앞에 송구스러운 마음이 든다. 아직은 더 늙을 수 있는 시간이니 말이다.

기도 제목이 생겼다.
병(病) 없는 사(死)의 시간을 허락하옵소서!

늙어가는 시간을 어찌 피할 수 있으랴.
수분이 증발된 얼굴 주름은 깊어지고, 소변 줄기가 가늘어지면서 미래를 꿈꾸는 시간보다 과거를 돌아보는 잔소리로 젊은이들을 지루하게 한다.

그러나 이대로 주저앉을 수는 없다.

젊은이의 시간이나 늙은이의 시간이나 매일반인 것은, 생명이 이 땅에 존재하고 있다는 공통된 환경이기 때문이다. 젊은이라도 꿈과 소망이 없으면 병(病)의 시간이고, 늙은이라도 꿈과 소망이 있다면 생(生)의 시간이다.

늙어가는 시간을 현명하게 소일할 수 있는 목적과 비전을 찾아야 한다.

경륜에 따라 쓰시는 하나님의 일꾼으로서 열정을 찾아내고 실천해야 한다.

동(動)적인 열정만이 큰 힘은 아니다.

눈 내리는 소리를 들어 보았느냐고 묻는 시인의 '고요의 힘'을 느껴 보고 싶다. 새벽 미명에 오르신 그리스도 예수의 산 기도와 골방에서 기도하라는 충언을 가슴으로 받아들이고 싶다.

정중동(靜中動)이다.

어지간한 일로는 갈등과 반목의 환경에 휩쓸리지 않는 자제력이 나이를 먹을수록 생성된다. 어떠한 불의의 환경도 이겨낼 수 있는 경륜의 저력이 있다. 늙음은, 한 알의 밀알이 되기 위한 섭리 안에서 순리의 시간일 뿐이다.

그러나 앞날이 구만 리 같은 젊은이들일지라도, 교회 문턱이 닳도록 드나드는 성도일지라도, 그리스도 예수를 가르치는 목회자들일지라도, 그리스도 예수 밖에서의 기상과 타락은 병(病)의 시간일 뿐이다. 인생은 그리스도 예수 안에서 아름다운 생(生)이다.

생로병사(生老病死)의 인생.
성도들에게는 사(死)의 시간은 없다.
그리스도 예수께서 죽음을 이기시고 부활하신 그 날에 우리들의
사(死)의 시간은 소멸되었다.

사(死)의 시간을 멸하여 주신 그리스도 예수께서 병(病)의 시간에
머물지 않도록 깨어 있으라고 경고하신다.

성도들에게는 생로병사(生老病死)의 세상 시간 중, 생로(生老)의
시간뿐이다.

첫 열매

첫 번째는 어떠한 것이든 소중한 의미가 있다.

첫 번째는 기분 좋은 기억일 수도 있고, 망각하고 싶은 상처일 수도 있다. 아련한 추억일 수도 있고, 반드시 이루고 싶은 열망일 수도 있다.

가슴 아픈 상처일 수도 있고, 이미 지워 버린 흔적일 수도 있다.

외형적인 형상일 수도 있고, 내면 깊은 곳에 자리 잡은 의식일 수도 있다.

우리는 언제나 새로운 세월을 걷고 있다.

한 번도 걸어 보지 못한 길이다. 선한 목적을 실현하기 위해 열정을 품고, 하나님께 첫 시간을 송구영신예배로 경배 드리고 한해를 시작한다.

새해 첫 번째 주일이다.
어떤 소망으로 새해 첫 예배를 흠향하시는 하나님을 대면할 것인가?

우리들은 지난날 물질과 명예, 거짓과 위선, 음란과 탐심의 노예가 되어 추악한 몰골을 드러내며 하나님의 낯을 피해 살아 왔다. 일백 년 안쪽의 짧은 인생을 살아가는 중에 명예 얻기를 열망하며, 음란에 빠지기를 두려워하지 않으며, 먹고 마시고 재물을 축적하는 탐심으로 하늘을 가리면서 살아 왔다.

하나님의 물질을 제멋대로 사용하며 세상 가치관으로 살아 왔다. 교회당마저 제 것인 양 주인 행세를 하며, 대립과 다툼의 앞잡이 노릇을 포기하지 않고 엘리 제사장의 말로를 업신여기며 살아 왔다.

하나님께서 인생들에게 주신 첫 번째 열매는 회개이다.
예배의 형식보다 중요한 것은 회개를 동반한 마음의 준비이다.
진정한 회개가 동반된 경배만이 시간에 관계없는 첫 번째 경배이다.
진정한 회개가 전제되지 않는 예배라면 반복해서 실행되고 있는 익숙한 예식에 불과하다.

회개는, 스스로 죄 지은 상황을 인식하고 후회할 때 가능한 실천이다.

어떤 죄를 지었는지조차 모르는 심령으로는 회개의 열매를 맺을 수 없다. 한국 교계는 타락일로를 걷고 있다.

주범은 목회자들이다.

교회의 규모와 타락은 정비례하고, 성도들은 죄의 짐을 지고 세상에 나뒹굴고 있다.

회개해야 한다.

크리스천 언론 매체는 복음 전파라는 설립 목적 실천도 중요하지만 회개 운동 확산을 위한 프로그램 편성을 주도해야 할 때이다. 언론은 회개를 방조하고 있는 타성에서 벗어나 진정한 회개 운동의 확산을 극대화하는 역할을 수행해야 한다.

복음 전파를 극대화할 수 있는 언론 미디어의 활용은 자못 고무적이다.

그러나 대부분의 크리스천 언론사와 방송사는 대체로 대형교회의 물질 공세와 맞물려 있다. 아무리 어려운 재정일지라도 크리스천 언론사들은 재정의 어려움을 핑계로 죄의 그늘에 있는, 회개 없는 목회자들의 설교를 방영해서는 안 된다.

크리스천 방송 채널이 많이 늘어났다. 그러나 참된 목자의 음성을 좀처럼 들을 수 없다. 대부분 명성 꽤나 있는 목회자들의 반복적

출연으로 식상하기만 하다. 그리스도의 영광의 복음의 광채를 비출 수 있는 목회자의 소식은 들리지 않는다. 영생을 소유한 자의 넉넉한 무소유와 세상 초월심을 동반한 목회자의 잔잔한 감동이 그립다.

우리는 모두 하나님으로부터 영생을 보장받은, 소중한 첫 번째 은혜를 기억하는 성도들이다. 하나님의 성스러운 무리들이다. 하나님의 은혜로 영생을 맛본 성도들이다.

하루속히 타락의 짐을 벗어야 한다.
하나님께서 주신 첫사랑의 열매는 영생이다.
성도들이 하나님께 드린 첫사랑의 열매는 회개이다.

내면 깊은 곳에서 우러나오는 참회의 눈물을 삼키며, 소중한 회개의 첫 열매를 꺼내들고 경배하는 첫 번째 주일예배가 되기를 간절히 기도한다.

초심(初心)

누구에게나 처음 마음먹은 기억들이 있다.

사랑하는 사람과의 소중한 기억들이 있고, 선한 목적을 실현케 하는 다짐이나 가슴 아픈 상처를 씻고자 하는 기억들이 있다.

인생은 기억을 통해 현재를 과거로 돌이키는 과정이다.

오늘은 곧 과거의 씨앗이며, 미래라는 열매를 맺기 위한 인생들의 가치관은 소중한 기억들을 거름 삼아 자라난다.

그래서 기억은 곧 존재 이유이다.

꽃을 바라볼 때, 숲길을 걸을 때, 정겨운 바람결에, 첫눈 내리는 하늘을 바라볼 때, 어느 순간 가슴을 파고든 첫 기억들이 저마다 소중한 의미로 저장되어 있다.

인생들은 모두 기억들을 저장하며 살아간다.

아름다운 추억을 위해, 취약한 부분을 해소하기 위해, 통렬한 반격을 위해, 보람 있는 헌신을 위해, 인생들은 저마다 의미 있는 기억들을 저장하며 살아간다.

그렇다고 기억하고 싶은 환희의 시간만 있는 인생이 아니다.

인생들은 누구나 아름다운 시간은 오래도록 기억하고 싶고 아픈 상처들은 서둘러 기억에서 지우고 싶어 한다.

기억만큼이나 소중한 감각은 망각 기능이다.

망각이라는 지우개가 존재하기 때문에 가슴 시린 이야기들을 지울 수 있다. 더러는 기억하고 싶지 않은 몸서리칠 기억들을 지울 수 있기 때문에 아무리 어렵고 두려운 환경일지라도 새로운 소망을 발원시킬 수 있게 된다.

한국 교계는 망각하고 싶은 기억들이 부표처럼 떠다니며 총체적인 타락과 위선 속에서 표류하고 있다. 대형 교회는 대형사건, 중형 교회는 그보다 충격이 덜한 사건, 작은 교회는 작은 사건, 교회의 크기와 타락은 정비례한다는 조롱이 난무할 만큼 목회자들의 타락은 끊임없이 드러나고, 그리스도의 권세를 잃어버린 성도들은 들판에 흩날리는 눈발처럼 세상 풍조에 녹아들고 있다.

어찌 하나님 성전에 헌금이 쌓여 있을 수 있을까?

언제나 부족할 정도로 하나님나라 확장과 선교를 위해 쓰여야 할 헌금들이 교회 재정으로 쌓여 주체를 못하고, 일부 우상숭배 수준의 탐심에 노출된 목회자들이 세상 물질처럼 사리사욕을 채우는 데 사용하고 있으니 참으로 천만 번 개탄할 노릇이 아닐 수 없다.

기도원, 수련원, 훈련원이라는 명분으로 확장되고 있는 교회들의 부동산 투기는 물론, 몇몇 대형 교회들의 재정에 의지하고 있는 방송과 언론과 기독교 단체들은 목회자의 타락을 방조하며 한국 교계를 영적 암흑기로 몰아넣고 있다.

기억을 되살려야 한다.
예수 그리스도를 만난 환희의 그 날을 기억해내야 한다.
영생을 은혜로 받은 기쁨의 그날, 가슴 깊이 각인한 초심을 꺼내 들어야 한다.

생명 가진 자가 인생 중에 가장 소중한 것을 얻은 그날, 성령 충만의 영안으로 바라본 세상의 어리석음을 기억해내야 한다. 썩을 것들을 위한 몸부림의 세상 속에 병들어 누워 있는 자화상을 들여다 보아야 한다.

그래서 반드시 찾아야 한다.
영원히 살 수 있는 길로 발걸음을 내디디게 된 은혜의 그날, 세상

모든 것을 다 내동댕이칠수록 배부르던 그날, 가슴 벅찬 감동으로
흘리던 환희의 눈물을 오늘 우리는 꼭 기억해 내어야 한다. 초심.

피자 목사

다섯 살배기의 고아원.

휘둥그런 눈을 요리조리 굴리며 들어선 고아원은 넓고 커서 좋다. 아이는 울지 않았다. 고아원에 와서 울지 않는 아이는 처음 본다고 원장은 너스레를 떨었다. 형들이 많아서 시끄럽고 어수선했지만 아빠가 없는 집이라면 차라리 낯선 이곳이 좋다.

자다가 깰 수밖에 없었던 공포의 고함소리, 아우성, 폭언, 폭력 그리고 소리 없이 눈물을 흘리며 널브러져 있는 엄마의 품에서 울었던 기억, 운다고 매를 맞은 기억속의 아빠는 마귀다. 천국에 간 엄마는 돌아오지 못한다. 아빠는 경찰들이 잡아갔다.

엄마가 없다. 서럽다. 많이 서럽다. 그렇지만 울지 말아야 할 것 같은 마음이 든다. 자꾸 눈물이 나오려고 한다. 그럴 때마다 눈을 깜빡인다. 슬플 때나 외로울 때마다 눈을 깜빡이게 된다. 어안이 벙벙할 때에도 멍하니 하늘을 향해 눈을 깜빡인다. 눈을 깜빡이는 버릇이 생겼다. 엄마가 보고 싶지만 참을 수 있다. 엄마는 천국에 있는 것이 더 좋다. 그곳엔 아빠가 없으니까 안심이다.

아이는 거친 청소년기를 보냈다.
하교하는 학생들에게 잔돈 부스러기를 강제로 빼앗았다. 미션스쿨인 중학교에서 결국 퇴학을 당했다. 구치소에서 잠든 그날 꿈에 엄마를 만났다. 아빠 같은 인생을 살겠느냐고 흐느끼는 엄마의 눈물을 보았다. 고아원에서도 흘리지 않던 눈물이 쏟아졌다.

학교 교목(校牧)은 끝까지 아이의 손을 잡아주었다.
피해 학생들의 부모들을 찾아다니며 용서를 구한 교목의 사랑으로 아이는 교도소행을 면하고 훈방 조치되었다. 교목은 검정고시 학원을 등록해 주었다.

교목의 사랑과 하늘의 엄마를 가슴에 담으면서 아이는 굳은 결심을 했다. 목사가 되자고. 거리의 아이들과 연락을 끊었다. 고입 검정고시, 대입 검정고시를 통해 신학대학교에 입학했다.

엄마의 천국은 믿음의 초석이다. 교목의 변함없는 사랑은 사명감으로 열매를 맺었다. 입학 동기들과 우정을 나누며 사역자의 꿈을 키워나갔다. 교목의 소개로 결혼을 했다. 꿈같은 일이다. 두 아들을 낳았다.

부교역자의 박봉으로 두 아들을 키우기에 벅찬 생활고는 아내를 일터로 내몰았다. 아들 둘은 다섯 살과 세 살이다. 어쩔 수 없이 아이들만 집에 두고 나가서 일을 해야 하는 시간이 잦아졌다.

어린 아이들만 있는 집에서 예기치 못한 크고 작은 사고가 빈번히 일어났다. 작은 아들이 책상 위로 연결된 스탠드 전기 줄을 흔들어 떨어뜨리면서 머리를 다쳤다. 큰 녀석이 고사리 손으로 전화를 했다. 다행히 외상뿐이다. 치료를 마치고 귀가하던 그날, 하늘에서 실눈이 내렸다.

새로운 환경이 절실했다.
신학교 시절, 언어 동아리 활동을 할 때 막연히 생각했던 선교지가 현실로 다가왔다. 캐나다 행은 급물살을 탔다. 지인의 소개로 교포가 운영하는 캐나다 현지 세탁소에서 아내를 채용해 주겠다고 했다. 아내의 주급은 생각보다 넉넉했다. 아내의 만류에도 불구하고 우여곡절 끝에 신학박사 과정을 마치고 학위를 취득했다.

교회를 개척하면서 아내와의 불화는 깊어갔다.
여성을 극우대하는 캐나다 문화 속에서 보수적인 의식으로 살아가는 한국인 남편은 설 자리가 없었다. 아내는 교회에 출석하지 않았다. 어느 주일 날, 교회 사역을 마치고 돌아온 집 식탁 위에 찾지 말라는 아내의 메모지가 놓여 있었다.

아내가 사라졌다.
교회 개척을 만류하던 아내와의 언쟁이 후회스러웠다. 아내는 해가 지나도록 캄캄 무소식이다. 한국에 있는 처가 식구들도 행방을 모르는 눈치다. 교포 모임에 자주 참석했던 아내는 그곳에서 만난 사람과 도피했다는 풍문이 바람결에 들여왔다. 아들들과 국제 거지가 되었다.

열 명 남짓 교회를 출석하던 교인들마저 발걸음을 돌렸다.
식당에서 그릇을 닦고, 화장실 청소를 하고, 닥트의 먼지를 닦아내며 아들들의 학비를 마련했다. 막내아들이 대학을 졸업하고 취업한 그해, 목사는 홀로 귀국했다. 이미 캐나다인이 되어버린 아들들은 조금의 망설임도 없이 캐나다의 삶을 선택했다.

서울 변두리에 주거를 겸할 수 있는 작은 교회를 개척했다.
신학대학 동기 여 목사와 재혼을 했다. 삼년 만에 부흥하여 넓은 성전으로 이전을 하고, 다시 삼년을 지나 성전을 건축했다. 교회 규모가 제법 커지자 장로들이 사사건건 담임 목사의 사역을 참견했다. 패거리를 지어 비판하고, 제재하고 심지어 훼방하는 짓까지 서슴없이 자행했다.

캐나다에서 가출한 아내의 일을 두고 장로들이 담임 목사 자격을 거론했다. 교회는 술렁거렸다. 캐나다에 아내를 두고 재혼을 했으니 간통을 한 것이라고 우격다짐을 해댔다. 이혼할 수밖에 없었던 상황을 설명하는 자리에서 목사는 장로들에게 뭇매를 맞았다. 피눈물이 흘렀다. 목사는 장로들의 말처럼 교회에서 쫓겨났다.

억울했다. 그날 밤, 자면서 이불에 오줌을 쌌다. 죽기를 자청하고 금식기도원을 찾았다. 울분과 분노가 좀처럼 가라앉지 않았다. 금식 기도한 지 사십 일을 며칠 앞두고 정신을 잃었다.

낯선 천정이 빙글 돈다. 병원이다. 살았다. 모진 인생 험한 길을 다시 걸어가야 한다. 아내에게 기차를 타자고 했다. 지나온 시간들은 모두 쓴웃음으로 지워야 할 얼룩일 뿐이다.

대구의 변두리에 지역 아동센터를 개설했다.
협소하고 작은 곳이지만 빈민층 자녀들이 많은 마을이라 아이들이 몰려왔다. 피자 때문이다. 부부 목사는 아이들에게 피자를 나눠주었다. 영어 교습으로 벌어들이는 작은 돈이 피자 값의 전부였다. 아이들이 늘어나면서 피자 조각은 점점 작게 나눠졌다.

목사는 피자가게를 돌아다녔다.
피자가게 주인에게 아이들의 사정을 이야기했다. 성경을 가르친다는 이유로 문전박대를 당하기도 하면서 서너 군데 피자집에서 피자 기부를 약속받았다.

입춘을 넘는다.

엄동설한 황량한 들에서 연초록 들풀이 일어난다.

세월이야 꽃피는 봄이 되거나 말거나, 낙엽 지는 가을이 되거나 말거나 피자 위에 영생의 약도 잘 그려주다 보면 어느 한날 사무치게 그리던 엄마의 하늘에서 크게 한번 엉엉 울게 되겠지.

내일은 피자 나눠주는 날이다.

첫눈 오는 날

추수감사주간이 지났다.

기도원으로 향하는 길에 첫눈이 흩날린다. 계절의 변화를 이끄시는 절대자의 능력 앞에 그저 경이로움만을 표할 수밖에 없는 티끌의 존재가 더없이 부끄러운 것은, 그리스도께서 주신 영원한 생명에 대한 턱없이 부족한 믿음 때문이다.

아련히 그리운 것들 속에서 오병이어의 기적만을 움켜쥐고 육신의 세상 속에 버젓이 서 있는 나 자신의 존재가 한량없이 가엾다.

오병이어 페스티벌 후, 왕으로 추대하는 무리들을 흩으시고 산길로 가신 예수 그리스도의 마음을 우리는 모른다. 시공(時空)의 주인이신 그 분의 사랑 앞에서 영혼의 울림을 망각한 채 그저 육신의 안락만을 기대하고 있다.

세상은 참으로 요란하고 휘황한 안락만을 꿈꾸게 한다.
군이 돌아보지 않더라도 믿음의 성도들은 예수 그리스도의 복음이 어떠한 환경 속에서 전파되었는지 잘 알고 있다. 지하 무덤 속에서 은신하며 전파된 영생의 복음은 지금과 같은 풍요의 로마를 이겨냈다.

추수감사주간은 지났지만 예수 그리스도의 영생의 구원을 받은 생명들은 육신의 소멸 때까지 감사의 마음을 유지해야 할 은혜 앞에 숙연해야 한다.

영혼의 타락은 악화일로를 걷고 있다. 이단들은 분연히 일어나고, 타락한 목회자들은 물질의 노예가 된 추악한 몰골로 머리를 꼿꼿이 세우고 있다. 성도들은 헌신을 주저하고 직분은 요원한 허울이 되었다.

그리스도 예수께서 영생의 복음 받은 자들에게 요구하고 계신 것은 헌신이다. 영생의 생명을 받은 자의 삶은 풍요와 안락이 아님을 성경은 증거하고 있다. 돌에 맞아 죽은 스데반 집사, 의사 직을 포기한 누가, 평생을 감옥에서 보내다시피 한 바울, 예수 그리스도의 복음을 받은 즉시 재산의 절반을 헌금한 삭개오, 예수 그리스도의 복음을 받은 자들은 육신의 안락을 포기하고 영혼의 감격을 소유했다. 가치관의 변화와 더불어 행동으로 실천한 공통된 반응이다.

"어리석은 자가 되지 말고 오직 주의 뜻이 무엇인가 이해하라" (엡 5:17)

감사의 주간은 끝나지 않았다. 예수 그리스도께서 주신 영생의 생명이 존재하는 한, 감사의 마음 또한 지속되는 것이 생명 가진 자의 반응이고 증거이다.

하나님은 기적의 주인공이시다. 오병이어의 기적은 언제나 믿음의 성도들의 삶 속에 나타난다. 그러나 오병이어의 기적 뒤에 예수 그리스도께서 무리들에게는 "집으로 가라" 말씀하셨고, 제자들에게는 "바다로 가라"고 명령하셨다. 예수 그리스도의 명령은 믿음의 성도들에게 살아가야 할 지표를 일깨워주시는 큰 가르침이다.

세상 통념을 버리지 못하는 무리들, 세상 물질관으로 살아가는 무리들, 사랑하는 자녀들을 우상숭배 수준으로 과보호하는 무리들, 자신의 목적이 욕망이 되어버린 무리들, 명예와 평안을 꿈꾸는 수많은 무리들이 첫눈처럼 흩날리고 있는 듯싶은 하늘은 먹구름뿐이다.
첫눈이 내린다.

"바다로 가라"

하나님의 음성이 사무치게 그리운 것은, 먹구름 뒤에 펼쳐질 햇살
의 아름다움처럼 영생이 내게 있음이다.

마흔세 살

꽝!

통증과 피 흘림, 그리고 칠흑의 어두움.

교통사고다.

마주 오던 대형 화물차가 중앙선을 넘었다.

여인의 차를 정면으로 덮친 화물차의 커다란 바퀴는 하늘을 향한 채 한참 동안 돌기를 멈추지 않았다. 브레이크를 밟지 않은 모양이다. 화물차에서 쏟아진 화물과 자동차의 파편들로 거리는 아수라장이 되었다.

죽었나 봐.

행인들이 몰려든다.

눈 깜빡이는 사이, 삼십팔 년 지나온 세월이 한 폭 그림으로 스쳐 간다. 멀리서 앵앵 구급차 소리가 들리는 듯하다. 여인은 만신창이가 된 채 의식을 잃었다.

벌써 이틀이 지났다.

여인은 깨어나지 않는다. 호흡은 붙어 있다. 무당의 말대로 마흔세 살을 넘기지 못하고 죽을 운명인가 보다. 경찰 조사 결과 화물차 운전사는 졸음운전을 했다.

여인은 사찰에 다녀오는 길이었다.

남편을 대신해 사찰 지붕을 개량할 시줏돈을 사찰 주지에게 전하고 내친걸음에 불공을 드리고 귀가하던 길이었다.

남편은 언제나 사찰 주지의 말을 믿고 길흉화복을 예감했다.

새로운 사업을 계획할 때마다 사찰 주지는 법당 미화를 위한 시주를 요구했다. 무리하다 싶은 사찰의 요구까지 다 들어 주었으나 남편의 사업은 패망일로를 벗어나지 못했다.

어쩌면 저렇게 하는 일마다 망할 수 있을까.

되는 일이 없었다. 남편은 하루가 멀다 하고 만취가 되어 새벽잠을 깨웠다. 무남독녀에게 목숨이라도 내어 줄 수 있는 친정아버지는 그런 사위에게 아낌없이 전답을 팔아댔다.

친정아버지가 절간을 찾게 된 것은 타락한 목사 때문이다.

친정아버지는 동대문 일대에서 제법 큰 토지를 소유한 거부였다. 마을에 들어선 개척교회를 도우며 신앙생활을 하던 친정아버지는 어느 날 목사 놈들은 다 도둑놈들이라고 소리치며 분개했다.

친정아버지가 출석하던 교회 목사는 출석 교인 삼십 여명이 되면서부터 성전 건축을 서둘렀다. 자영업을 하거나 직장에 다니는 교인들은 대출을 받아 건축 헌금을 했다. 친정아버지는 성전을 지을 토지와 거액의 건축비용을 헌금했다. 성전이 완공될 때까지 예배를 드릴 임시 막사까지 제공했다.

교회는 축제 분위기였다.

교인들은 성전 설계도를 임시 막사에 걸어 놓고 기도를 멈추지 않았다. 교회 통장에 모인 성전 건축 헌금은 사억 원을 넘었다. 삼억 육천만 원이면 지을 성전이었다.

수요예배를 드린 다음 날 건축위원장이 담임목사를 찾았다. 목사는 보이지 않았다. 핸드폰은 온종일 꺼져 있었다. 교인들이 성전에 모여들었다. 설마.

목사는 주일에도 나타나지 않았다. 소문은 사실이었다. 여 집사와 함께 도주했다는 풍문은 일파만파 퍼져나갔다. 여 집사의 남편은 임시 막사를 불태웠다. 임시 성전은 잿더미가 됐다. 친정아버지는 잘했다고 그를 일으켜 세웠다. 그날 이후 친정아버지는 사찰을 드나들었다.

교통사고를 당한 지 사흘이 지나도록 여인은 의식을 회복하지 못했다.
미약한 맥박은 아지랑이처럼 가물거렸다. 부러지고 찢긴 몸을 수술하면서 의사는 가망이 없다고 단언했다. 출혈 과다.

수혈의 효과도 자신의 피가 절반 이상 남아 있을 때 기대할 수 있다는 말을 가족들에게 전해 준 의사는 더 이상 여인을 치료하지 않았다. 가족들은 장례를 치를 마음의 준비를 했다.

교통사고가 난지 보름이 지난 아침, 여인은 손가락을 꿈틀거렸다. 곁을 지키던 아들이 병실을 뛰쳐나가 소리쳤다. 의료진이 달려 왔다. 여인은 신음소리를 냈다. 낯선 병실 천장이 무너져 내릴 듯 빙글 돈다. 웅성거림이 들린다.

기적입니다.
의사의 흰 가운이 여인의 허망한 시야를 덮었다.

인생들은 모두 하나님을 믿어야 합니다. 반드시 하나님을 믿어야 합니다. 하나님을 믿으면 천국에서 영원히 살 수 있습니다.
여인은 소리치고 싶은데 입이 열리지 않는다.

여인은 한 달 만에 기적적으로 의식을 회복했다.

지난날들이 차창의 풍경처럼 스쳐간다.
속았다. 사찰 주지에게 속고 무당에게 조롱당한 지난 세월들이 너무나 억울하고 분통하다. 이제라도 더 이상 속으면 안 된다. 사찰 주지의 얼굴이 교활한 미소로 다가 온다. 따귀라도 때려야 직성이 풀릴 것 같은 충동이 솟는다. 이제 와서 누구를 원망하랴. 사찰 주지나 무당이나 모두 사탄의 피해자들인 걸. 후회와 감사가 연일 여인의 상처 위에 머물렀다.

여인은 의식을 잃은 한 달 동안 성가대였다.
하나님을 찬송하던 학창 시절 교회 성가대의 모습이 또렷하게 재생되었다. 나머지 지나온 모든 흔적은 의미 없는 시간들로 기억에서 사라졌다.
하나님께서는 찬양을 듣고 계셨다. 덧없는 인생 중에 환희의 날이 있음을 일깨워 주셨다. 그날 여인은 의식을 회복했다. 꿈이 아니었다.

여인은 다섯 번의 크고 작은 수술을 하며 춥고 긴 겨울을 병실에서 보냈다. 의식을 회복하고 처음 입을 연 여인은 복음을 전했다.
예수 그리스도를 믿는 믿음으로 살아야 한다, 아들아.
교통사고로 의식을 잃은 여인은 하나님의 은혜의 세계를 목격했다.

예수 그리스도는 인생들이 반드시 믿어야 할 구원자임을 깨닫는 시간 여행이었다.

남편은 결국 부도가 났다.
친정아버지의 재산을 몽땅 집어삼킨 남편의 사업은 감당할 수 없는 빚만 남긴 채 도산했다. 공장은 물론 살고 있는 집까지 경매에 넘어갔다. 직원들의 임금을 체납한 죄로 남편은 수감되었다.

같이 살자.
낙엽이 수줍은 채색을 시작할 무렵 여인은 아홉 달 만에 병원을 나섰다.
친정부모가 마련한 집은 제법 마당이 넓었다. 서울 외곽, 마석이라는 곳이다. 동대문 거부였던 친정 부모는 살아서 서울 갈 일 없을 거라며 귀촌을 선택했다. 마당에서 하얀 털이 복슬복슬한 삽살개가 꼬리질을 쳤다.

여인은 날마다 강변을 걸었다.
유속이 느린 강물은, 여인이 하나씩 하나씩 내버리는 과거의 허영들을 소리 없이 삼켜 주었다. 어깨를 으쓱이며 사재기하던 백화점 VIP 고객, 여러 단체 모임에서 부리던 호기, 돈을 물 쓰듯 퍼 주며 쫓아다닌 우상 숭배의 행사장, 공권력을 지닌 부인들에게 빌붙었던 아첨의 웃음, 더 많이 가지려는 남편의 고군분투까지 모두 부질없는 세상 놀이였다.

함박눈이 지천을 뒤덮은 연말연시를 철야기도로 보내면서 여인의 작은 소망은 열정의 불씨로 바뀌었다. 목사의 타락을 목격한 친정 아버지를 기도와 눈물로 설득한 여인은 동네 작은 교회를 출석하 며 이듬해 신학대학원에 입학했다.

겨울이 깊어가면서 가족들은 평정을 되찾았다.
실로 오랜만에 느껴 보는 평온함이 햇살처럼 나았았다.
살 만하다. 부족해도 마음이 편안하다. 친정아버지는 교회 목사의 헌신으로 믿음을 회복했다. 목사는 여러 차례 남편을 면회하면서 복음을 전해 주었다. 참으로 고맙고 감사하다.

출소하는 날, 남편은 성경책을 옆구리에 낀 채 여인이 내민 두부 를 크게 한 입 베어 물었다. 남편은 술을 끊고 온라인으로 덤핑 물 건을 팔기 시작했다. 적은 수입이지만 가족 모두 화목한 풍요를 누린다.

서울 인구가 급증하면서 남양주까지 확대된 서울 그림자는 마석 까지 부동산 투기 열풍을 몰고 왔다. 대규모 가구단지가 들어서고 부터 행락객들이 눈에 띄게 늘어났다. 귀촌하는 사람들이 부쩍 많 아졌다. 교회는 부흥했다. 친정아버지는 성전 건축위원장을 자청 했다. 마을 입구에 아름다운 전원 교회가 완공되었다.

여인은 목사 안수를 받았다.

여 목사는 복음을 안고 무당을 찾아갔다. 무당은 없었다. 간암으로 죽었다는 소식을 듣고 여 목사는 발걸음을 돌렸다. 작두를 탈 때마다, 칼 방울을 흔들어댈 때마다, 굿판 내내 독주를 마셔대던 무당이다.

지옥 불에 떨어졌을 무당에 대한 안타까움이 밤을 새워 달 길을 따라 흐르고, 영생 얻은 은혜와 감사는 새벽닭이 울도록 무심한 세월을 넘나든다.

겨울소리

함박눈이 내렸다.
겨울 깊은 풍경이다.
왠지 마음이 무겁다.

신록의 여름은 소외되고 가난한 서민들에게 넉넉한 웃음을 주는
데 반해 겨울은 춥고 고단하며 힘겨운 겨울나기를 해야 한다.

연일 공공요금의 인상 소식이 들린다.
괜찮다.
나라 경제가 어려우면 더 큰일이다.

강대국 틈바구니에서 경제적 우위를 장악하려면 당연히 나라 살림이 먼저 안정되어야 외교도 할 수 있을 터이니 세수 확장은 필연적인 정책이리라.

그러나 자꾸 국민의 허리띠를 졸라매서 걷으려는 세수 확장보다 세수의 사용처를 철저하게 검증하고 줄여나가는 정책을 보완했으면 하는 바람이 든다.

국가 보조금을 못 챙기면 바보라는 조롱이 떠다닌다.
많이 버는 것보다 중요한 건 효율적인 관리와 덜 쓰는 절약이다.

공무원 비리와 국가 경쟁력을 좀 먹는 국방 비리 등이 연일 보도되고 있다.
공직자의 비리는 공직에서 물러나는 것으로 종결 되서는 안 된다.
국가에 피해를 입힌 만큼 끝까지 토설하고 배상해야 하는 법 개정이 시급하다.

이와 같이 시급히 개선해야 할 공공 정책들이 한두 가지가 아니다. 공무원 연금이나 지방자치제도 등은 서둘러 개선되어야 할 문제점들을 드러내고 있다. 공무원 연금을 줄이는 과정에서 일부 마찰을 불러일으키고 있지만 결국 공무원 연금 또한 국민 연금과 합병되어야 할 과제이다.

큰 나라의 일개 자치주만도 못한 작은 나라에서 빼지 단 사람들이 이렇게 많아서야 어찌 배가 산으로 오르지 않을 수 있으랴. 국회의원을 절반으로 줄이고 중앙 집권제와 지방자치제도를 병행하는, 이른 바 한국식 지방자치제도를 실행하여 인권비와 공적 지출을 과감하게 줄였으면 한다.

정당 보조금을 줄이고 각종 위원회를 철폐하기를 바란다. 점점 비대해지고 있는 대학의 보조금이나 각종 연구 보조기금을 대폭 줄였으면 좋겠다.

무상급식도 마찬가지이다. 부모가 잘 먹이고 있는 아이들 식사에 관여하지 말고 어려운 아이들만 잘 챙기기를 바란다.

대학입시는 과거처럼 교과서에서만 출제해야 한다. 사교육비의 과다한 지출로 서민들의 삶이 참으로 힘들다. 교과서와 자습서 한 권으로 대학입시를 치룬 대학생들이 오늘의 대한민국을 건설하는 데 부족함이 없는 동력으로 쓰임 받고 있다.

교육은 곧 미래다. 그러나 고등 교육은 친구간의 우정과 사회인으로서 갖추어야 할 보편적인 도덕률 같은 미래에 대한 기초적인 방향 제시와 인간 존중의 도덕률을 가르치면 된다.

그리 활용도가 높지 않은 고등 교육에 인생만사가 전부 내걸린 듯 문제 풀이를 위한 주입식 교육을 재탕 삼탕 하다 보니, 고등 교육에 지친 학생들이 대학을 가면 실제적으로 받아들여야 할 전문 지식을 멀리 하고, '노세, 노세, 젊어서 노세' 노는 분위기에 휩쓸려 버린다.

大學은 문자 그대로 큰 교육이다. 보다 점진적이고 진취적인 전문 지식을 심도 있게 배워야 할 도장이다. 큰 교육에 역점을 두는 교육 제도가 재편되기를 희망한다.

입시생 전체가 모두 만점을 받더라도 대학 입시는 교과서에서 출제함으로 입시 지옥이라는 단어를 일축시킬 수 있다. 절약된 사교육비는 당연히 국민의 삶의 질을 높인다.

연말이다.
각종 모임과 행사들이 줄을 잇고 있다. 한 해를 잘 마무리 하고, 활기찬 새해를 구상한다는 모임의 취지대로 각 분야에서 세수를 과감하게 절약할 수 있는 대안이 결단되기를 바란다. 공직의 판공비, 기업의 법인 카드, 뜯어지고 있는 멀쩡한 보도블록 등으로 줄줄이 새고 있는 세수를 기필코 막아내는 대책이 어느 때보다 요구되는 엄동설한이다.

내일은 눈 내리고 찬바람까지 세차게 분다는 일기 예보다. 추운 겨울나기에 몸서리를 치고 있는 소외 계층의 신음소리에 바짝 귀를 기울여야 할 사람들은 너와 나, 우리들이다.

겨울 깊어가는 소리가 눈물이고 비애가 아니길 간절히 염원한다.

그리스도 여행

그리스도라는 단어는 성경에서 쉽게 찾아 볼 수 있다. 성경은 하나님께서 우주 만물을 창조하신 사실을 기록하고 있다. '빛이 있으라 하시매 빛이 있었다' 는 창조주의 권세가 바로 그리스도 권세이다.

하나님께서는 말씀으로 천지를 창조하셨다. 하나님의 말씀을 아우르며 천지 만물을 창조하는 데 주도적 역할을 이행한 능력이 그리스도 권세이다. 고로 하나님께서는 그리스도 권세를 소유하신 말씀으로 천지를 창조하셨음이다.

천지 만물과 세상이 있기 전에 홀로 존재하신 하나님께서 천지를 창조한 사실을 믿지 못한 채 많은 사람들이 죽어간다. 일생 중에 자신이 원하는 환경을 뜻대로 성취하지 못할 뿐만 아니라, 자신의 소중한 생명이 죽어가면서도 하나님께서 천지를 창조한 사실을 깨닫지 못하고 일생을 마감한다.

하나님이 존재하지 않는다면 세상은 없다.
마치 자동차와 컴퓨터를 만든 사람이 없다면 그것들을 편리의 도구로 사용되지 못했을 이치와 똑같은 상황이다.

하나님께서 존재하시므로 세상은 존재한다. 하나님께서 해, 달, 별은 물론, '흙으로 인간을 지으시고 그 코에 생기를 불어 넣으사 생령(生靈)이 된지라' 는 성경 기록처럼, 인류와 우주만물을 조성하셨다.

하나님은 인류의 시작과 마지막을 관장하시는 절대자이시다. 그가 존재하시매 인류가 태동되었고, 그가 운행하시매 우주 만물이 질서를 유지하고 있다.

성경은 이토록 전지전능한 하나님의 특별한 권능을 '예수 그리스도' 께서 소유하고 있다고 증거하고 있다. 사람들은 예수를 그냥 '예수' 라 부르지 않고, '예수 그리스도' 또는 '그리스도 예수', 더러는 아예 예수라는 이름을 생략하고 '그리스도' 라 부르기도 한다. 그리스도 권세가 없는 예수라면 인류를 구원할 수 없다.

그러나 예수는 그리스도이시다. 그리스도 권능은 곧 예수의 권능을 지칭한다. 예수께서 영혼을 소생시키는 구원자가 될 수 있음은 곧 그리스도 권세를 소유한 권능이기 때문이다. 그래서 그는 곧 구원자이시다.

"나는 부활이요 생명이니 나를 믿는 자은 죽어도 살겠고 무릇 살아서 나를 믿는 자는 영원히 죽지 아니하리라"

그리스도의 포고이다.
그리스도가 세상에 나타나심은 인류를 구원하기 위함이다. 인류를 사랑하시는 하나님의 극진한 긍휼이다. 어린아이가 보호자를 잃어버리면 죽게 되는 것처럼, 하나님과 함께 살도록 창조된 인간은 하나님을 떠남으로 죽음을 초래하게 되었다. 인간이 죽어야 함은 하나님을 떠난 결과이다.

종교 또한 이때 태동되었다. 하나님을 떠난 인간이 죽음의 두려움을 떨쳐보려는 자구책으로 우상을 만들어 놓고, 떨칠 수 없는 죽음의 공포를 일시적으로나마 벗어나 보려는 시도에서 발원된 행위가 종교이다.

그러나 피조물인 인간이나 자연은 인류의 죽음 문제를 해결할 수 없다. 하나님을 떠남으로 죽음에 이르게 한 사탄은 하나님이 창조한 인간이나 자연을 숭배하는 종교 행위를 지구촌 구석구석에 깔아 놓고 하나님을 부정하는 불신의 나락에 빠뜨리고 있다.

종교는 죽은 영혼의 회생과 전혀 무관한 행위들을 규정하고 실행하기를 요구한다. 하나님을 떠난 인간들은 다시 하나님을 만나기 전에는 죽음 문제를 해결 받을 수 없다. 어떠한 종교 행위로도 원래 인간을 회복할 수 없다. 경배의 대상은 유일하신 창조주 하나님 한 분이시다.

모든 종교는 하나님을 떠남으로 죽게 된 인간의 영혼을 소생시킬 수 없다. 죽음을 이길 수 있는 그리스도 권세가 없기 때문이다. 많은 이단들이 예수의 이름을 부인하면서도 자신이 메시아(그리스도)라고, 자신이 곧 그리스도라고 거짓 증언하며 인간들을 미혹하는 것 역시 그리스도 권세가 절대적인 권세라는 증거라고 설명될 수 있다.

인류의 죽음 문제를 해결할 수 있는 그리스도는 절대적인 권세이다. 그리스도는 하나님의 독보적이며 특별한 권세이다. 하나님을 대적한 사탄을 물리친 권세이다.

하나님께서 죽음에 빠진 인류를 구원하시기로 작정하시고 친히 세상에 모습을 드러내셨다. 그리스도 권세를 가지고 육신의 몸으로 세상에 오셨다. 인류는 죽음을 이기시고 부활하신 그리스도를 믿음으로 원래 인간을 회복할 수 있는 은혜의 길로 들어설 수 있게 되었다. 그리스도 권세가 이루신 영생의 길이다.

죽은 자는 살아날 수 없다.
그러나 죽음의 세력도 그리스도 권세 앞에는 풍전등화와 같을 뿐
이다. 죽음의 공포를 앞세워 인류를 무력화시킨 사탄은 그리스도
권세 앞에서 뼈까지 가루가 되었다. 부활은 곧 그리스도 권세로
죽음을 물리친 완전한 증거이다.

그래서 그리스도는 하나님을 다시 만나는 길이다.
부활하신 그리스도를 영접하는 순간 인류는 믿음으로 영생을 얻
는다. 그리스도 권세를 소유한 예수 그리스도를 영접하는 즉시 죽
음을 이긴 그리스도의 영이 영접한 자의 영혼을 소생시킨다. 믿는
성도들은 이러한 상태를 구원 받은 상태라고 말한다.

그래서 그리스도는 구원자가 가진 절대 권세이다. 많은 그리스도
인들이 그리스도로 인하여 구원을 받은 은혜의 성도임에도 불구
하고 그리스도를 뚝 떼어내 예수 이름만으로 기도하고 믿는 것은
위험천만한 언행이다.

하나님께서는 그리스도 권능으로 천지를 창조하셨고, 하나님을
떠나 죽음에 빠진 인류를 그리스도 권세로 구원해 내셨다. 굳이
예수와 그리스도를 분리하거나 생략할 이유는 없다.
성도들은 그리스도의 은혜로 소생한 영혼들이며 그리스도는 믿는

자들에게 임한 영생의 은혜이다. 그리스도는 생략하거나 마음에만 담아 두는 단어가 아니다.

은혜와 감사, 경배와 찬양, 성도들의 모든 언행은 그리스도가 중심이 되는 사고에서 발휘되어야 한다. 그리스도가 희미해진다면 영혼의 소생은 무너진 공든 탑이 될 수 있다.

하나님과 인류를 이간하고 분리 획책한 사탄은, 지금 이 시간에도 예수와 그리스도를 분리함으로 성도들을 죽음에 몰아넣기 위해 몸부림치고 있다.

성도는 그리스도께서 영생을 주신 하나님의 백성들이다.
영원한 천국까지 동행할 임마누엘의 그 분은 '예수'가 아니라, '예수 그리스도' 이시다.

고장 난 신호등

신호등이 멈춘다면 행인과 자동차가 뒤섞여 혼란스러울 것은 불 보듯 뻔한 상황이다. 교차로의 신호등이 멈추면 서로 앞서 가려는 자동차들의 끼어들기와 경적 소리로 뒤엉키고 말 것이다.

지금 한국교회의 신호등은 빨간 등을 켠 채 멈추어 버렸다. 멈춰버린 교차로에서 연일 교통사고가 속출하고 있다. 자동차와 행인이 부딪치면 행인이 다친다. 한국교회는 자동차에 비유되는 목회자들의 이전투구(泥田鬪狗)로 행인과 같은 성도들이 크게 다친 형국이다.

신호등을 고쳐야 한다.

그러나 어디가 고장인지 좀처럼 진단하기가 어렵다. 전기 회로가 고장인지, 신호 통제국의 전산시스템이 고장인지 가늠할 수조차 없다. 더군다나 한 군데만 고장 난 것 같지 않다. 여러 군데가 고장 났다. 차라리 신호등을 새로 세우는 것이 비용절감 측면에서도 이로울 것 같다.

그러나 신호등 제조업체는 많은데 어떤 회사가 신용 있는 회사인지 도대체 구별할 수가 없다. 겉으로 보기에는 회사 옥상마다 신호등 제조업체임을 알리는 십자가 붉은 등이 똑같이 걸려 있다.

겉보기에는 똑같은 신호등 제조업체 같지만 신호등 회사의 내면을 들여다보면 소문보다 훨씬 많은 문제들을 안고 있는 업체들이 다반사이다.

신호등 제조업체의 속사정은 저마다 다르다.
회사 대표가 공금을 횡령하여 해외로 빼돌렸다는 업체도 있고, 친인척 명의로 부동산 투기를 해 놓은 업체도 있다는 소문이 떠돈다. 실제로 업체 대표가 공금을 횡령한 사실이 발각 되서 신문지상에 오르내리는 것을 보면 소문은 사실인 듯싶다.

더군다나 언론매체에 폭로된 공금 횡령 사실은 빙산의 일각에 불과하다는 소문 또한 파다하다. 제법 규모가 큰 신호등 제조업체들은 거의 다 썩었다고 단정하는 사람들이 많다.

그렇다고 넋 놓고 바라볼 수만은 없다.

당장 수신호라도 해야 교통 체증을 막을 수 있다. 일요일과 수요일의 출퇴근 시간에만 잠깐 얼굴을 비추는 회사 대표들은 아예 보이지도 않는다.

어디서 뭘 하고 있는지, 무슨 꿍꿍이를 꾸미고 있는지 도대체 알수가 없다.

신호등은 고장 났고, 수신호를 해야 할 인력들은 종적을 감추었고, 고액의 월급만 축내는 업체 대표들은 사우나와 골프연습장에 몰려 있다고 한다. 고장 난 신호등을 고치든 말든 정년퇴임만 하면 늙어 죽을 때까지 연금 나오고, 부동산과 주식도 어느 정도 잘 챙겨 두었으니 아무 걱정이 없다고 희희낙락하고 있다.

오늘도 한국교회의 신호등은 여전히 빨간 등을 켠 채 멈추어 있다.

목사님들이여 천국 갑시다

교회가 지향하는 목적이 선교가 아니라면 교회는 곰팡이 균을 증식시키는 부정의 온상으로 썩게 마련이다.

교회가 선교를 위한 노력을 적게 하거나 선교를 다른 사역의 뒤로 미룰 때 교회는 존립 자체의 위험을 드러나게 된다. 교회가 선교를 위해 온 힘을 다하지 못할 때 교회는 생명을 잃고 목회자는 타락하며, 성도들은 세상 가치관을 쓸어안는다.

건전한 사회를 이끌어가야 할 교회의 기능이 상실될 때 교회는 존립 가치를 잃게 됨과 동시에 하나님 사역과는 관계없는 일종의 신넘적 종교 집단으로 전락하고 만다.

건물 옥상마다 십자가가 서 있는 한국교회는 더 이상 방관할 수 없는 영적 침체기에 들어서있다. 한 해에도 수많은 목회자가 배출되는 현실 속에서 선교에 대한 지원 없이 거대해진 대교회들의 존재는 오히려 선교를 방해하는 요인으로 자리 잡고 있다.

한국교회 목사들의 선교 의식 회복 없이는 성도들의 영적 추락을 막을 길이 없다. 교회의 성장과 더불어 목사 자신의 안위를 위해 쓴 소리를 외치고 있는 한국교회 목사들은 이제 선교지로 흩어져야 한다. 건물 옥상마다 공동묘지처럼 세워놓은 십자가들을 거두어들이고 사방을 둘러보아도 기도할 곳 없는 세계를 향해 단봇짐을 꾸려야 할 때이다.

선교를 위한 도전 없이 성장한 교회들은 회개하고 새로운 열정을 회복해야 한다. 비대해진 일부 대교회의 선교 기능 상실은, 보기에도 역겨운 성장 목표를 슬로건으로 내걸어놓고 성도들을 독려하고 있다.

교회는 성전 건축을 위한 노력을 재고하고 선교에 대한 성장을 지향해야 한다. 선교에 대한 비전을 뒤로 하고 교회 성장에 혈안이 되어 있는 현실은 등 따숩고 배부르기 위한 사업자를 연상케 할 지경이다.

반드시 대교회들이 개혁을 시도해야 한다. 비대해진 교회의 성도들을 과감하게 나누고 사유화한 목사들의 재물은 손가락이라도 목구멍에 집어넣고 토해놓아야 한다. 진정한 참회로 범죄적 물질관과 세상 가치관을 스스로 도려내야 한다.

거만하기 이를 때 없는 자립 교회 목사들의 거드름, 교회 재산의 횡령, 교회 재산의 낭비, 교회 재산의 사유화, 교회 재산의 대물림, 노회들의 권력 다툼, 총회들의 독재화 등등 지옥 불에 떨어지기 위한 목사들의 앞 다툼이 교회를 강도의 굴혈로 만들어 놓았다.

"내 집은 기도하는 집이라 일컫음을 받으리라 하였거늘 너희는 강도의 굴혈을 만드는도다" (마21;13)

선교사를 파송하고 지원해야 할 물질들을 교회당 건축과, 교육관, 수양관, 기도원이라는 이름으로 거침없이 부동산 투기를 자행하고 있는 현실이다. 선교지로 향할 여비조차 없는 선교사는 선교의 사명을 감당할 수 없는 악순환의 고리 끝에 매달려 신음하고 있다.

결국 교회의 성장에 대한 목사들의 그릇된 목회관은 성도들의 수적 성장만을 목표로 하고 있다. 목사들의 왜곡된 신앙관이 오늘날 교회당의 팽창 뒤에 가려진 선교의 기능 상실을 초래하게 되었음을 부정할 수 없다.

다 쓰고 남은 환경에서의 선교는 선교사가 선교지로 향할 수 없는, 흉내만 내는 선교이다. 작은 교회까지 혈연, 지연, 학연으로 이어지고 계승되는 교회당의 대물림은 이미 사회적 물질 가치와 어깨를 같이 하고 있다. 선교는커녕 하나님의 물질인 헌금의 사용 흐름이 세상 물질의 흐름과 전혀 다를 바 없다.

목사님들이여, 천국 갑시다. 천국 갑시다. 제발 천국 갑시다.

"아비나 어미를 나보다 더 사랑하는 자는 내게 합당치 아니하고 아들이나 딸을 나보다 더 사랑하는 자도 내게 합당치 아니하고 또 자기 십자가를 지고 나를 좇지 아니하는 자도 내게 합당치 아니하리라" (마10;37-38)

일주일에 단 한 번도 불신자의 현장에서 예수 그리스도의 복음을 증거 하지 않는 목사들의 다문 입술은, 선교지로 향할 수 없는 악조건을 방관한 채 숫자적 교회 성장만을 위한 프로그램에 열을 올리고 있다.

이에 질세라 성도들 역시 대교회당 구석에서 하나님 사역과 전혀 관계없는 '선데이 크리스천'으로 반복적인 행위만 되풀이하고 있다. 결국 영어 못하는 교사에게 십 수 년 받은 영어 학습처럼, 수십 년 교회당 문턱을 드나들었어도 참새 한 마리 잡지 못하는 말씀의 벙어리만 양산되고 있다.

교회가 선교의 방향을 잃을 때 목회자는 권위와 물질, 음란과 탐심에 노출된다. 하나님과 물질을 겸하여 섬길 수 없는 목회자들이다. 물질의 풍요는 목회자를 타락시킨다. 권위와 음란은 등 따습고 배부른 환경을 통해 착란을 일으키게 한다.

권위, 물질, 음란에 노출된 목회자들은 지금 당장 회개하고 예수 그리스도를 구세주로 영접한 그날로 돌아가야 한다. 예수 그리스도께서 십자가의 보혈로 죽음을 해결해 주시고 영생을 주신 첫사랑을 회복해야 한다.

한국교회는 위태롭게 추락하고 있다. 교회 안에는 성도(당연히 목사 포함)가 있지만 교회 밖에는 성도가 없다는 조롱이 따라다닐만큼 한국교회 성도들은 세상 속에서 이미 빛과 소금의 역할을 감당할 수 없는 나락에 빠져 있다.

그러나 희망은 있다. 지금 이 시간에도 위의 것을 바라보고 피를 토하는 심령으로 불신자의 구원을 위해 고군분투하시는 목사님들의 발걸음과 예수 그리스도의 복된 영생의 소식을 전하는 선한 목자들의 애통한 심령이 전도 현장에 있다.

예수 그리스도의 영생을 무릎걸음으로 받은 첫사랑 그날의 목사님들이여!
십자가의 보혈의 사랑을 한 몸에 받은 목사님들이여!

권위, 물질, 명예, 파벌, 음란에 붙잡힌 영멸의 쇠사슬을 끊고 천국 갑시다. 하늘을 우러러 썩어질 세상 것 다 내려놓고 천국 갑시다. 목사님들이여, 제발 천국 갑시다!

그리스도, 완전한 변화

"너희가 십자가에 못 박은 예수를 하나님께서 주와 그리스도가 되게 하셨느니라"

사람을 변화시킬 수 있는 완전한 변화는 가능한가?

당연히 No! 라고 코웃음 치는 사람들이 많다. 적어도 하나님을 모르는 사람들에게는 우문 중 우문임에 틀림없다. 그러나 하나님을 믿는 믿음의 사람들은 당연히 Yes! 라고 한다.

사회가 발전하면서 각계각층의 노력은 교육의 개혁을 주도하며 도덕률을 높여왔으나, 인간은 기계처럼 움직이며 스트레스는 쌓여가는, 우울하고 곤욕스러운 시대를 살아가고 있다.

문명이 극도로 발달한 최첨단의 21세기임에도 불구하고 안타깝게도 자살자는 급증하고, 우울증을 비롯한 정신질환자가 늘어가고 있으며, 마약, 약물 중독, 타락과 향락 문화 속에서 혼미해진 정신은 점점 피폐해져 가고 있다.

정신분석학, 심리학, 상담학 등 많은 인간의 자구적 노력에도 불구하고 정신의 붕괴 현상은 가속되고 있다.

세상 물질관이 이입된 교회마저 영적인 힘을 잃었고, 교회의 타락은 인간의 정신 문제를 해결하지 못하는 사회적 악순환으로 이어진다.

그나마 일부에서 나눔을 실천하고 있으나 선행으로 인간을 변화시키려는 시도는 지극히 제한적인 결과를 도출할 뿐이다.

인간은 변화할 수 없다.
월등한 식견으로 입증된 깊은 학문일지라도 인간을 변화시키는 데 있어서 한계 상황을 맞게 된다. 초월적 수행 또한 영적인 어두움에서 비롯된 극기의 체험일 뿐이다. 인간의 수행으로 인하여 어떠한 결과적 깨달음에 도달했다는 논증은 인정할 수 없다. 인간은 하나님의 영역 안에서 존립된 생명이기 때문이다.

인간은 하나님과 영적인 만남 없이는 본질적으로 평안할 수 없는 존재이다.
특히 불교에서 말하는 해탈이라든지, 탈신의 현상은 극도의 제한적 안위일 뿐이지 실제로 완전한 평안의 상태일 수 없다. 석가(釋迦) 또한 하나님을 떠난 인간의 원죄적 속성 안에 있는 생명이고, 생사화복의 주관자이신 하나님께서 흙으로 지은 피조물이기 때문이다.

불교에서 말하는 성불(成佛) 즉, 아닐 不에 사람 亻을 합친 것을, 사람이 아니라고 해석하는 말은 우스갯소리이다. 그러나 석가가 최초로 인간이 아닌 길을 이루었다는 의미를 담아 成佛을 해석하고 있다. 어찌하여 지혜 명철한 '붓다'가 자청해서 인간이 아니라고 선언하며 스스로 자신을 神의 영역에 넣었겠는가.

종교의 배후에는 훌륭한 도덕률을 남긴 인간을 앞세워 우상숭배를 조장하는 사탄의 궤계가 숨어 있다. 그래서 모든 종교는 하나님을 대적하는 사탄의 음모이다. 종교를 획책한 사탄은, 피조물인 인간이 피조물을 섬기도록 지구 전반에 수많은 행위 종교들을 난무하게 펼쳐놓았다.

하나님에 대한 도전적 우상 숭배의 결집이 종교이다.

그러나 분명한 사실은, 인간 스스로 어떠한 노력과 초월적 행위를 동반한 수행을 거듭한다고 해도 하나님을 만날 수는 없다. 종교는 인간이 믿음의 대상을 찾는 행위이기 때문이다.

그러나 복음은 문자 그대로 복된 소식이다.
하나님께서 인간을 찾아오신 축복이다. 모든 인간은 하나님을 만나야만 근본적으로 평안할 수 있다. 세상의 윤리적 도덕관과 성실한 인간 교육 등으로 어느 정도 인성의 회복은 기대할 수 있으나, 인간의 본질적인 문제를 해결하는 데는 아무런 도움이 될 수 없다.

인간의 모든 문제는 하나님을 떠난 문제이다.
인간의 육신적인 문제, 정신적 문제의 이면에는 하나님을 떠난 영적인 문제가 원인이다. 인간의 모든 문제는 하나님 떠난 영적 문제가 우선적으로 해결되어야만 치유될 수 있는 현상들이다.

예수께서 그리스도 권세로 하나님을 떠난 인간의 죽음 문제를 해결하시고, 하나님을 만날 수 있는 영생의 길을 열어 주신 구세주라는 사실을 믿을 때 인간 문제는 근본적으로 해결된다.

인간 문제가 하나님을 떠난 영적 문제임을 인식하고 복음의 능력을 의지할 때 인간은 비로소 변화를 수용한다.

변화는, 예수 그리스도의 영혼이 인간의 영혼을 지배할 때 비롯된다.

하나님 형상의 회복은 곧 그리스도의 회복이다.

하나님의 형상을 회복하는 길은, 오직 예수께서 그리스도이심을 믿는 믿음에서 비롯된다.

"그 중에 이 세상 신이 믿지 않는 자들의 마음을 혼미케 하여 그리스도의 영광의 복음의 광채가 비취지 못하게 함이니 그리스도는 하나님의 형상이라" (고후4:4)

하나님 형상이 회복된 상태, 완전한 변화이다.

기도의 辨

마음의 갈망을 스스로 해결할 수 없는 환경에 직면하는 것이 인생들의 삶의 시간이다. 모든 인생들은 원치 않는 죽음을 피할 수 없기 때문이다. 어찌 죽음뿐이랴. 인생들의 생명의 시간은 원치 않는 환경에 직면하는 과정이라 해도 과언이 아닐 만큼 제 뜻대로 안 되는 결과 앞에 당황하게 된다. 그래서 인생들은 기도를 한다.

그러나 기도의 대상이 누구인가에 따라서 인생들에게 주어지는 응답은 극명하게 다르다. 두말할 나위 없이 인생을 창조하신 하나님께 기도하는 성도들의 사후(死後)는 천국이요 하나님이 아닌, 다른 무엇인가에게 기도하는 인생들의 사후는 지옥이다.

성도들의 기도는, 예수 그리스도로부터 영생을 얻은 감사와 인도하심에 대한 은혜의 기쁨을 원천으로 한다. 그리고 스스로 해결할 수 없는 문제에 봉착할 때마다 창조주 하나님으로부터 공급되는 신비로운 응답을 받기 위해 기도를 한다.

문제는, 기도의 마무리이다.
지금 이 시간에도 많은 성도들이 기도를 하고 있다. 그리고 기도의 끝에, '예수님 이름으로 기도 드립니다, 아멘' 하거나, '예수 그리스도 이름으로 기도 드립니다, 아멘' 한다.

똑같은 기도가 아니다.
많은 성도들이 기도의 끝에 '그리스도' 를 생략한다. 그저 '예수님' 이름이 곧 '예수 그리스도' 이름이겠거니 생각한다. 절대 그렇지 않다. '예수님' 이름으로 기도하는 것은 올바른 믿음의 기도가 아닐 수 있다. 올바른 믿음의 성도들만이 올바른 기도를 통해 하나님과 소통할 수 있다. 요한복음 20장 31절에는 명확한 믿음과 성경의 기록 목적이 분명하게 기록되어 있다.

"오직 이것을 기록함은 너희로 예수께서 하나님의 아들 그리스도 이심을 믿게 하려 함이요 또 너희로 믿고 그 이름을 힘입어 생명을 얻게 하려 함이니라"

성도들은 '예수께서 그리스도' 이심을 믿음으로 영생이 주어진 은혜의 인생들이다. '그리스도'는 생략되거나, '예수'와 분리되어서는 안 될 창조주의 권능이다. '그리스도'는 성도들의 죽음 문제를 해결하시고 부활하신 권능인 줄 모르는 성도들은 아무도 없다.

그러나 성경은 아볼로 목사를 언급하고 있다. 성경을 강론하고 있는 아볼로 목사를 요한의 세례만 말하더라고 경고하고 있다. 브리스길라 아굴라 집사 부부가 아볼로 목사를 데려다가 '예수께서는 그리스도'라고 소상히 풀어서 가르쳤고, 아볼로 목사는 변화를 수용하였다. 그리고 '예수를 그리스도'라고 강론하니 많은 사람들이 믿었다고 기록되어 있다.

'그리스도'를 생략하고 '예수님' 이름으로 기도하는 목사는 아볼로 목사와 같다. '예수님' 이름으로 기도를 마무리 하는 목사들은 '예수'와 '예수 그리스도'의 차이를 화들짝 놀라며 깨달아야 한다. 습관이 아니다.
다시 말해, '예수'와 '예수 그리스도'는 완전히 다른 사람일 수 있다. 예수 그리스도께서 성육신 하실 당시 '예수'라는 이름은 매우 흔한 이름이었다. '예수'를 생략하고 '그리스도' 이름으로 기도할 경우 '그리스도'가 '예수'일 수 있지만, '그리스도'가 생략된 경우의 '예수'는 권능의 '그리스도'가 아닐 수 있다.

'그리스도'는 창조주의 권능이요, 죽음을 물리친 권능이요, 부활의 권능이요, 승천의 권능이요, 재림주의 권능이다. 물을 포조주로 만든 권능이요, 귀신을 물리친 권능이요 소경의 눈을 뜨게 한 권능이요 물 위를 걸으신 권능이요 오병이어의 권능이요 죽은 나사로를 살리신 권능이다.

'그리스도'는 '예수'와 분리해서 사용될 수 없는 직분이자 권능이다. 현직 대통령이 대통령직에서 불러나면 고유한 이름만 남는다. 현직에서 물러나면 해외 순방을 하여도 국빈의 예우를 받지 못한다. 그리스도는 임기가 없는 예수 그리스도의 영원한 직분이자 권능이다.

하나님께서는 말씀으로 세상을 창조하셨다. 말씀은 곧 하나님이시다. 성경 또한 살아계신 하나님의 능력의 말씀이다.

히브리어의 특성은 점(點) 하나만 잘못 찍어도 문자의 의미가 완전히 달라진다. 히브리어 성경은 일점일획까지도 다 이루어진다고 분명히 기록되어 있다. '그리스도'는 생략해서는 안 될 창조주의 권능이다. 성경의 주인은 그리스도다.

골로새서는 4장으로 구성된 서신서이다. '그리스도'라는 단어가 이십 여회 이상 기록되어 있다. 로마서, 고린도 전후서, 갈라디아서, 에베소서는 물론, 빌립보서 또한 "주 예수 그리스도의 은혜가 너희 심령에 있을지어다" 분명히 '그리스도' 이름으로 기도하고 있다.

당신은 지금 누구의 이름으로 기도를 하고 있는가.

'예수 그리스도' 이름으로 기도하지 않고, '예수님'의 이름으로
기도 하는 것은, "이 세상 신이 믿지 아니하는 자의 마음을 혼미케
하여 그리스도의 영광의 복음의 광채가 비취지 못하게 함이니 그
리스도는 하나님의 형상이라"는 고린도후서 4장 4절의 말씀처럼,
그리스도의 영광의 복음의 광채가 비취지 못하게 하려는 사탄의
궤계에 빠진 것은 아닐까 우려스러운 마음이 든다.

사탄은 '그리스도' 권능 앞에 무너진 어두움이다.

굳이 성도들이 간절한 기도의 끝에 '그리스도'를 생략하는 이유
는 무엇일까.

복음의 광채는 '그리스도'가 비추는 권능이다. 그리스도는 예수
의 이름 뒤에 붙여도 되고 생략해도 되는 권능이 아니다.

성도들은 그리스도의 권능으로 말미암아 하나님의 형상이 회복된
사람들이다. 그리스도는 곧 하나님의 형상이니 그리스도가 회복
된 상태가 영생의 구원을 얻은 상태이다. 그리스도가 회복된 성도
들이 그리스도를 생략하는 기도는 참으로 위험한 상황일 수 있다.

사도행전 2장 36절은 예수 그리스도 이름으로 기도해야 하는 명확한 해답을 준다.

"그런즉 이스라엘 온 집이 정녕 알찌니 너희가 십자가에 못 박은 이 예수를 하나님께서 주와 그리스도가 되게 하셨느니라"

신학적인 논쟁의 의도는 전혀 없다.
'예수 그리스도' 이름으로 기도하지 않을 이유는 없다. '예수 그리스도' 이름으로 기도하는 간구가 응답 받는 기도이다.

'예수님' 이름으로 기도하는 것과, '예수 그리스도' 이름으로 기도하는 응답의 차이를 화들짝 놀라 깨닫는 은혜가, 목회자들은 물론 모든 성도들에게 주어지기를 우리 주 예수 그리스도 이름으로 기도드립니다, 아멘.

충돌하는 성도

새해가 밝았다.

무엇인가 답답하고 당당하지 못한 것들을 한 군데 묶어 덮고, 백지 상태에서 새로운 것들을 시작해 볼 수 있다는 당위성 하나만으로도 새해를 맞는 기분은 나쁘지 않다.

송구영신예배를 드릴 때마다 주체할 수 없이 쏟아지는 눈물은 아마도 하나님 앞에 떳떳하지 못한, 회한의 심령이 토해낸 선한 목적과의 충돌로 인한 약리 작용이리라.

돌이켜 보면 언제나 그랬다.

새해 첫날에 쏟아낸 계획들은 한 해의 끄트머리에 설 때면 어김없이 무너져 있고, 그나마 몇 가지 조악한 것들을 실천하면서도 이기적인 수단들을 동원한 것이어서 하나님 앞에 당당할 수 없는 시간들로 채워지기 일쑤였다.

새해를 알리는 시곗바늘들이 12에 모이면서 많은 소망들이 앞 다투어 매달려온다. 벌써부터 선한 목적과 이기적인 수단들이, 계획과 실천 사이에서 파열음을 내며 충돌한다.

세상은 부딪침의 연속이다.
언제나 굉음 속에 고요를 추구하는 것처럼 상반된 이성들의 부딪침으로 점진적이다. 그러나 선한 양심과 선하지 못한 목적은 언제나 대립을 양산한다.

충돌은, 상호보완적인 선한 가치를 보전하기 위한 견제이자 방어적인 제어장치이다. 충돌은, 또한 일방의 탈선을 묵시하지 못하는 양심선언이며, 순결을 지켜내기 위한 방어적 수단이고 능력이다.

충돌 없는 사회는 건전할 수 없다. 생각이 다른 사람들과 충돌하지 않는 사회와 단체는 결탁과 비리를 양산한다. 충돌은 곧 정의일 수 있고 개혁일 수 있다. 그러나 좌충우돌 식으로 충돌을 일으키는 사회는 불안감만 조성한다. 그래서 충돌은 이성과 선한 목적을 수반해야 한다.

현재 한국 교회의 현실은 사회를 정화하기는커녕 사회보다 더 큰 불법과 위법을 끌어안은 채 큰 무리로 똘똘 뭉쳐 썩은 악취를 내뿜고 있다. 선한 목적과의 충돌을 오래도록 방치한 결과이다.

이제는 충돌해야 한다.
충돌해서 무너뜨려야 한다.
성도들은 하나님의 선한 목적이 뿜어내는 열망을 수용하고 충돌해야 한다.

성도들은 자신들의 침묵과 충돌해야 한다.
성도들은 자신들의 방관과 충돌해야 한다.
성도들은 자신들의 안일함과 충돌해야 한다.
성도들은 자신들의 고착화된 환경과 충돌해야 한다.
성도들은 자신들의 고정관념과 충돌해야 한다.

새해를 맞이하는 새벽바람이 매섭다.
한국교계의 타락과 같은 삭풍이다. 하나님께 영생을 은혜로 부여받은 성도들이라면 마땅히 선한 목적을 되찾는 충돌을 과감하게 실천해야 할 때이다.

그래서 교회의 기능을 회복해야 한다.
교회의 기능은, 불법과 위법의 사회를 정화할 수 있는 최후 보루이다.

교회의 기능 회복을 목적으로 수행해야 할 성도들의 필연적인 사역, 충돌이다. 온갖 비리와 불법과 권위가 고착화된 교회와의 충돌은 영적인 정화 사역이다.

성도들은 변화를 수용하고, 흩어짐을 수행해야 한다.
하나님께서는 충돌을 통해 흩어짐을 추구하셨고, 흩어짐을 통해 무리로 전락할 수 있는 교회의 죄악의 싹을 잘라버리셨다.

복음 전파는 충돌로 인한 교회 정화 기능의 실천이며, 하나님의 흩어짐의 미학이다. 충돌은, 아기 울음소리가 다시 들려오는 시골마을처럼 개척교회를 살리는 헌신이며 하늘 상급을 쌓는 선한 목적을 이루는 수단이다.

새해에는, 목회자들의 타락을 막아내는 충돌을 기대한다.
새해에는, 목회자들의 죄악을 좌시하지 않는 충돌로 하나님 앞에 기쁨의 성도들이 되기를 기대한다.
새해에는, 세상 가치관에 오염된 심령을 도려내는 충돌로 하늘 상급 무한히 쌓는 의로운 청지기가 되기를 기대한다.

마지막 기억

한 차례 첫눈이 슬쩍 지나갔다.

첫눈은 언제부터인가 추위를 이겨내야 할 힘겨운 삶의 시간을 확증하는 징표가 되어 있다. 가난한 서민들이 고달픔으로 견뎌내야 할 계절임을 알리는 의미 이상의 공감은 없다.

첫눈이 내리던 그때 무엇을 했던가.

어떤 생각을 했었지.

밤이 되어서야 문득 잃어버린 것에 대한 불감증이 살아난다.

첫눈이 내리는 날이면 마음 설레던 기억이 아스라이 떠오른다.

하늘을 향해 두 손을 벌리고 마냥 뛰어다니던 어린 시절이 아니더라도 풋풋한 마음으로 밤을 지나던 아련한 추억들이 다가온다.

첫눈이라는 단어를 생각하면 여러 가지 기억들이 풋풋한 향수를 매달고 다가오는 것을 보면 무엇인가 소유했던 것을 잃어버렸다는 자괴감이 든다.

세월은 너무도 많은 것들을 잃어버리므로 지속되는, 엄청난 대가를 전제로 주어지는 특별한 혜택의 시간인 듯싶다. 왜냐하면 세월을 지나면서 학창시절의 꿈과 이상을 잃어버렸고, 사랑하는 사람을 잃어버렸으며, 죽기 전에 꼭 해 보고 싶었던 목적을 잃어버렸고, 계절의 변화를 사랑하고 기뻐하던 그 사람을 통째로 잃어버렸기 때문이다. 언제부터인가 낯선 사람이 마음을 장악하고 아예 마음 한복판에 들어앉아 있다.

무엇인가를 잃어버렸다는 의미는, 잃어버린 무엇인가를 소유했다는 의미이다. 인생들은 살아가면서 누구나 한번쯤은 무엇인가를 잃어버린 기억이 있다. 다행스럽게도 소중한 것을 되찾는 경우도 있고, 불행하게도 잃어버린 것을 되찾지 못한 채 잃어버린 것을 포기하는 결단으로 일상생활을 지속하는 경우가 다반사이다.

생명의 시간은 기억과 망각의 기능이 공존함으로 존속된다. 망각의 기능은 기억의 기능보다 소중할 수 있는 본능이다. 창조주 하나님이 인간에게 망각의 기능을 피조하지 않았다면 인생들은 슬픔과 분노, 좌절과 공포로 인하여 몇 년을 살지 못하고 죽음을 맞이했을 것이다. 망각은 새로운 힘을 생성할 수 있는 양분과 같다.

그러나 지울 수 없는 기억들이 있다. 부모와 자식을 잃어버린 슬픔은 삶이 지속되는 한 잃어버릴 수 없는 기억으로 각인된다. 많은 시간이 흘러도 현재 진행되고 있는 비극이다. 또한 치매라는 치명적인 질병으로 인하여 모든 기억을 상실하여 자신의 거처는 물론 자식까지도 알아보지 못하는 비극으로 삶을 마감하는 인생들도 적지 않다. 망각의 두려운 두 얼굴이다.

기억해야 할 것들을 기억하고 망각해야 할 것들을 잃어버리는 질서가 지속되는 인생은 존재하지 않는다. 삶의 시간에 의해 기억력은 감퇴되고 망각의 힘은 평정심을 유지시킨다. 그래서 인생은 기억해야 할 것들을 기억하다가 기억으로 인하여 소유하게 된 모든 기억들을 망각이라는 휴지통에 버리는 여정일 수 있다.

나이가 들면 행동반경이 좁아지고 욕망이 잦아든다. 웬만한 일들은 허허실실 웃어넘기며 분노와 대립의 상황을 초래하지 않는다. 이미 많은 것들을 망각의 기능으로 대처했기 때문이다. 꿈과 소망, 안정적인 풍요, 자랑스러운 자녀들의 미래, 사랑하는 사람과의 동행까지 소중하다고 기억된 모든 것을 절대 불문의 가치로 소유하지 않고, 자연의 순리를 따르는 격조로 승화시키며 살아간다.

그러나 모든 인생들은 죽음의 그 순간까지 절대로 망각해서는 안될 기억이 있다. 망각의 대가가 너무도 참혹하기 때문이다.

죽음은 끝이 아니라 영원한 멸망, 지옥 길의 시작이다. 그래서 반드시 기억해야 한다. 그 기억은 영원히 살 수 있는 천국, 영생의 길이다. 인생들의 마지막 기억.

"예수께서 가라사대 나는 부활이요 생명이니 나를 믿는 자는 죽어도 살겠고 무릇 살아서 나를 믿는 자는 영원히 죽지 아니하리니 이것을 네가 믿느냐"

예. 주여 믿습니다. 주는 그리스도시요 세상에 오시는 하나님의 아들이신 줄 내가 믿나이다. 아멘.

없었나이다

먹을 것, 입을 것, 편리한 것 참으로 다양하고 넉넉하고 풍요로운 세상이다. 연말연시의 각종 모임을 참가하면서 반가운 얼굴들을 만나는 자리마다, '좋은 세상'이라고 입을 모으는 지인들은 한 결같이 한 가지 전제 조건 하나를 매단다. 돈만 있으면.

과연 돈만 있으면 좋은 세상일까?

등 떠밀려 참석한, 화려한 호텔 연회장을 서성이면서 어제 만난 노파의 지친 얼굴을 지울 수가 없다.

어제 점심나절 주차된 자동차 앞에 너부러져있는 종이박스 위에

한 노파가 주저앉아 있었다. 작은 유모차에 종이박스를 많이 싣다
보니 무너진 것이다.

추운데 집에 계시지요.
먹는 약이 하도 많아서 약값이라도 조금 보태려고 그러지요.

노인과 세상사는 이야기를 주고받으면서 흩어진 종이박스를 주워
낡은 유모차에 싣고 단단히 묶었다.

작년까지는 종이 1kg에 150원이었는데 올해는 70원이라고 한숨
을 내쉬는 노인의 굽은 허리가 참으로 애처롭고 애달프다.

물질은 병든 몸을 고칠 수 있는 약도 사먹을 수 있고 힘든 노동을
선택하지 않아도 될 편리가 분명하다. 그러나 생로병사(生老病死)
를 벗어날 수 없는 인간이기에, 물질은 지극히 제한적인 편리를
제공한다.

물질의 속성은 많은 것을 상실시키는 칼을 뽑고 있다.

물질은 인생들을 실의에 빠뜨리게 하고, 성도들의 타락을 주도한
다.
끝이 없는 축척을 속삭이며 몇 날이 못 되어 맞아야 할 죽음까지
를 망각하게 한다. 그래서 하나님을 멀리하게 하고, 지옥을 자처

하는 영멸의 죽음을 조장시킨다.

그래서 '좋은 세상' 이라고 단언하는 전제 조건은, '돈만 있으면'
이 아니라 '그리스도 예수 안에만 있으면' 이다.

좋은 세상은, 죽음의 길을 영원한 생명의 길로 열어놓으신 그리스
도 예수 안에 구속 되어야 하는 것이 전제 조건이다.

그리스도 예수 안에만 있으면 견디낼 수 있는 세상이다.
그리스도 예수 안에만 있으면 용서될 수 있는 세상이다.
그리스도 예수 안에만 있으면 사랑을 실천하고 싶은 세상이다.

베이비붐 세대가 노후를 준비해야 하는 노인시대이다.
가난을 벗어나기 위해 치열하게 경쟁하며 살아온 세대가 노후를
맞이하고 피할 수 없는 죽음의 길을 준비하는 시간이다.

그리스도 예수께서 잔잔하게 물으신다.

"저희에게 이르시되 내가 너희를 전대와 주머니와 신도 없이 보
내었을 때에 부족한 것이 있더냐" (눅22:38)

없었나이다.
대답할 자신이 없다.

지금부터라도 생명의 말씀을 전하며 물질과 관계없는 청지기로
살아야겠다.
그래서 길게 잠들 그날 주님께서 물으시면, '없었나이다' 당당하
게 대답하고 싶다.

송구영신

한 해가 저물고 새해가 열린다.
다사다난한 인생들이 한 해를 마침표 찍고 새로운 도약을 다짐하
는 시간이다.

정치판의 파열음은 연일 국정 운영의 발목을 부여잡고, 경기 침체
로 연말 상여금조차 받지 못하는 근로자들, 노후를 준비하지 못한
노년들과 불우한 환경의 소년소녀 가장들의 애환을 안고 무심한
시간은 어느새 연말연시이다.

지역마다 해넘이와 해맞이 행사를 펼치고 있다.

아라뱃길을 따라 한강과 서해 바다가 만나는 정서진(正西津)은 마지막 해넘이를 관조하기 위한 행사로 인산인해이다. 어려운 환경, 좋지 않은 기억들을 지우고 새로운 비전을 꿈꾸기 위한 바람들이 소망을 안고 모여든다.

정서진은 해가 지는 방향이 정중앙 서쪽임을 일컫는 지명이다. 동해 바다의 정동진이 일출의 명소라면 정서진은 낙조가 장관을 이루는 명소이다.

인생들은 누구나 소망을 가져야 산다. 오늘보다 밝은 미래를 꿈꿀 때 존재 가치를 스스로에게 부여할 수 있다. 그러나 한 해의 마지막 날을 보내고 새해를 맞이하는 송구영신의 풍속을 보면 믿는 자들과 불신자들은 극명한 차이를 드러낸다.

하나님을 믿지 않는 자들은 태양의 움직임 아래 모여든다. 일출을 보며 소원을 빌고 일몰 앞에서 미련을 버린다. 하나님께서 창조하신 피조물들을 경배의 대상으로 여긴다. 피조물인 인간이, 피조물인 태양이나 훌륭한 업적을 남긴 인간을 숭배하는 우상숭배에 빠져 있는 모습이다.

훌륭한 업적을 남긴 사람들의 덕목은 존경스럽다. 그러나 결코 숭배의 대상이 아니다. 경배의 대상은 오직 창조주 하나님 한 분이시다. 그래서 창조주 하나님을 믿는 성도들은 하나님께 기도를 한다. 태양 아래 모여들지 않고, 태양을 창조하신 하나님께 감사함으로 경배를 드린다.

송구영신 예배.
한 해의 마지막 밤 시간과 한 해의 새로운 첫 시간을 하나님께 감사함으로 경배 드리며 새해를 맞이한다. 새로운 날을 허락해 주신 하나님을 찬미하며 감사함으로 새해를 소망한다. 기꺼이 긍정의 바람이 이루어지는 새해이기를 염원해 본다.

정치판의 혼돈은 청백리 정치 신인들의 개혁으로 개선되기를 기대하고, 경기 침체는 경제인들의 노력으로 호황의 국면으로 전환될 것을 기대하며, 세상이 다 알고 있는 죄를 짓고 넉살 좋게 버티고 있는 죄 중의 목회자들은 진정한 회개의 심령을 언론을 통해 공표하기를 기대한다.

새해가 밝아 온다.
죄 짐을 안고 있는 목회자들은 하나님 앞에 지금 당장 무릎을 꿇고 얼마 동안이라도 언론 채널에 비치지 않는 자숙의 시간을 갖기를 권면한다.

인간은 모두 죄를 지을 수밖에 없는 연약한 존재이다. 그러나 죄를 지은 지조차 분별하지 못하는 행동을 이어간다면 들짐승과 다를 바 없다. 긍휼의 하나님은 언제나 회개의 문을 크게 열어 놓으셨다. 성도들은 하나님 앞에 회개할 수 있는 특별한 은혜의 사람들이다.

새해에는 목회자들의 진정한 회개를 초석으로 회개 운동이 성도들에게 확산되고, 침체 일로를 걷고 있는 영생의 복음이 빛을 발하는 전기가 마련되기를 간절한 마음으로 소망한다.

끝과 시작

한 해의 끝이다.

끝이라는 말은 다양한 의미를 내포하고 있다.

딱 잘라 말할 때의 의미는 단호함이다.

절단이나 단절을 의미하는 끝의 단호함은 결연한 의지를 나타낸다.

그러나 끝은, 냉철한 마지막만을 의미하지 않는다.

극한 환경에서의 탈출이나 오랜 시간을 인고해야만 했던 가난이나 질병 같은 처절한 환경으로부터 해방되었을 때의 의미는 평안함이고 희열이다.

또한 이러지도 못하고 저러지도 못하는 진퇴양난의 환경이나 인간관계에서의 갈등으로부터 해방되었을 때의 의미는 후련함일 수도 있고 시원함일 수도 있으며 섭섭함으로 인식될 수도 있다. 끝은 카멜레온처럼 다양한 모습이다.

끝을 생각하면 대체적으로 마지막이 떠오른다.
사람들의 인식 속에 그려져 있는 끝의 얼굴은 뾰족하고 간결한 점 하나가 전부이다. 날카로운 점으로 표현되는 끝의 인상은 더 이상 말을 붙여 볼 수 없는 냉철한 모습이다.

그러나 '또 그렇게 하면 정말 끝이야' 사랑하는 사람들이 애증의 경고를 할 때의 끝은, 마지막이 아니라 중간 과정을 의미한다. 한 번 더 기회를 제공해주는 의미로 쓰일 때의 끝은, 넓은 포용력을 발휘하는 군자의 마음과 같다.

끝은 마지막이 아니라 어떠한 과정의 정중앙을 의미한다.
선한 목적을 성취하기 위해 어려운 환경을 이겨내고 있는 사람들에게 끝이 보인다는 의미는 소중한 희망이고 소망이다. 그래서 끝은 처음이고 중간이며 맨 나중이다.

겨울이다.
서민들의 겨울나기가 고단한 계절이다.
사랑을 나누고자 하는 기부금이 현저하게 줄었다고 한다.

청년 실업률은 증가하고 결혼 연령은 점점 늦어지고 있으며 새해의 경제 전망은 어둡다고 예견되고 있다. 사회 전반이 북풍한설로 꽁꽁 얼어붙어있다.

그래도 끝은 아니다.
세계 곳곳에서 지진이 발생되고, 동족이 동족을 죽이는 대립이 속출되고, 형제가 형제를 죽음으로 내모는 지경일지라도 세상은 끝이 아니라고 성경은 일축하고 있다. 더불어 세상의 끝은, 복음이 땅 끝까지 전파되어야만 다가온다고 일깨워주고 있다.

한해가 시작된다.
겨울을 시작으로 다시 겨울이 되면 한해가 끝나고 새로운 한해가 시작된다.
그래서 끝은 마지막이면서 중간 과정이고 처음이다.
끝의 얼굴은 분명히 동그라미이다.

끝은 시작과 함께 어깨동무를 하고 강강수월래 놀이를 하고 있다.
모든 인간은 죽음을 향한 삶을 살아가고 있다.
그래서 인간의 삶은 고난의 여정이다. 어느 누구도 죽음을 피할 수 없기 때문이다.

죽음이 마지막이라는 절망의 의미로 끝이라면, 죽어야 하는 인생들은 참으로 가련하고 불쌍하다. 그러나 죽음은 끝이 아니다. 한

알의 밀알이 썩어야만 많은 밀알이 열매를 맺을 수 있는 것처럼 죽음은 소멸과 탄생이 순환하는 섭리의 과정일 뿐이다.

글씨를 깨우치면서부터 많은 서적들을 읽어보았지만 인간이 죽음의 두려움을 극복하고 영원히 살아갈 수 있는 방법을 알려주는 서적을 본 기억은 없다. 더군다나 인간이 영원히 살아갈 수 있는 환희를 보장해주는 책을 읽어본 기억은 더더욱 없다.

이 책뿐이다. 성경
신약성경 165 페이지. 요한복음 10장 25절과 26절에 기록되어 있다.

"나는 부활이요 생명이니 나를 믿는 자는 죽어도 살겠고 무릇 살아서 나를 믿는 자는 영원히 죽지 아니하리라 이것을 네가 믿느냐"

죽음은 영원한 삶의 시작이다.
한해를 끝마치고 새로운 한 해를 믿음으로 시작해야 하는 이유이다.
끝은 곧 시작이고 영원한 희열의 천국으로 향하는 중간 과정이다.
예수가 그리스도라는 사실을 믿는 믿음 안에서 그렇다.

오늘의 설교 (그리스도 권세)

"영접하는 자 그 이름을 믿는 자들에게는 하나님 자녀가 되는 신분과 권세를 주셨으니" (요1:12)

예수 그리스도께서 죽음에 빠진 인간에게 구원을 주실 때 그리스도의 권세까지 주셨습니다.

단순히 하나님의 자녀가 되는, 구원받은 신분만 주시지 않고 권세까지 주셨습니다.

그리스도께서 구원받은 하나님 자녀들에게 권세까지 주신 이유는 무엇일까요?

그리고 예수 그리스도께서 주신 권세는 어떤 권세일까요?

믿음의 성도들은 오늘날 안타깝게도 그리스도의 권세를 잊고 살아가고 있습니다.
성도들이 그리스도 권세를 잃어버린 결과는 참담합니다.

목회자들은 타락하고 성도들은 영적 어두움에 빠집니다.

성도들이 그리스도 권세를 잃어버리면 소명을 잃어버리고 하늘 상급을 위한 사역은 안중에도 없는 종교인으로 전락하게 됩니다.

그리스도 권세는 성도들의 믿음의 뿌리입니다.

반드시 그리스도 권세를 회복하여 하나님께서 부여한 소명을 감당하시는 성도들이 되시기를 간구 드립니다.

그리스도 권세는 과연 어떤 권세일까요?

1. 그리스도 권세는 죽음을 이기신 권세입니다.

하나님을 떠난 인간은 모두 죽음을 피할 수 없게 되었습니다.
한 사람도 예외 없이 음부의 권세에게 붙잡혔습니다.

"선악과를 먹는 날에는 정녕 죽으리라"
하나님 말씀을 불순종한 결과 모든 인간은 죽음을 초래했습니다.

하나님 말씀은 공의의 말씀입니다.

"빛이 있으라 하매 빛이 있었다"

창조의 말씀입니다.
권능의 말씀입니다.
모든 우주 만물을 인간을 위해 창조하신 하나님께서는 말씀을 번복할 수 없는 공의의 하나님이십니다.

인간을 사랑하신 그 큰 사랑으로 모든 우주만물을 인간 중심으로 창조해 주신 하나님이십니다.
인간에게 모든 우주만물을 다스리고 정복할 수 있는 특별한 은혜를 주신 하나님이십니다.

인간을 얼마나 사랑하셨으면 자신의 형상으로 똑같이 창조해 주셨겠습니까?
하나님의 형상은 영(靈)이십니다.
그래서 인간만이 하나님 형상인, 영(靈)으로 피조 된, 영혼이 존재하는 유일한 피조물입니다.

하나님은 창조주와 피조물을 구분하시기 위하여 선악과를 두셨습니다.
선악과를 먹지 말라는 하나님 말씀은, 인간을 위한 최고의 사랑의 표현이자 하나님의 법입니다.

인간은 하나님과 함께할 때 행복한 피조물로 창조되었기 때문입니다.

마치 물고기가 물 밖으로 나가면 죽는 것처럼 인간은 하나님을 떠나면 죽음을 면치 못합니다.

그러나 인간은 선악과를 따 먹음으로 죽음에 이르렀습니다.

하나님을 떠난 인간은 오히려 하나님을 원망하고 있습니다.

전지전능하신 하나님께서 왜 인간에게 선악과를 따먹도록 방치했느냐고 오히려 자신의 과오를 부정하고 있습니다.

하나님은 인간을 창조하실 때 로봇처럼 창조하지 않으셨습니다.

인간에게 자유의지를 주셨습니다.

스스로 우주만물을 다스리고 즐기고 누릴 수 있는 자유의지를 주신 하나님이십니다.

그러나 인간은 하나님께서 주신 자유의지를 가지고 선악과를 따 먹었습니다.

선악과를 따 먹은 행위의 대가는 죽음입니다.

선과 악을 분별하는 분별력을 가지고 인간 스스로가 하나님이 되려는 무모한 도전이었습니다.

선악과를 따먹은 결과로 모든 인간에게는 죽음이 도래했습니다.

죽어야 하는 두려움과 공포는 무엇인가를 섬기려는 위안거리를 찾게 됩니다. 그런 불안한 마음은 각종 종교를 따르게 됩니다.

종교는 우상숭배입니다.
하나님을 섬겨야 할 인간이 오히려 하나님을 대적하는 자를 섬기는 것은 우상숭배입니다.

하나님을 떠난 인간은 우상숭배의 노예가 되었습니다.
하나님과 인간을 분리시킨 사탄은 죽음의 권세를 가지고 인간들을 장악했습니다.
죽음의 두려움과 죽어야 하는 허무한 마음들을 파고들어 종교의 우두머리가 되었습니다.
피조물인 인간이 피조물을 숭배하도록 수많은 종교들을 만들어 놓았습니다.

피조물인 인간은 오직 창조주이신 하나님만을 경배하도록 창조되었습니다.
그러나 하나님을 떠남으로 죽음의 권세에 붙잡힌 인간들은 하나님을 섬겨야 할 그 자리에, 돌이나 나무들로 형상을 만들어 놓고 우상숭배를 하는 무지몽매함 속에 빠져 들었습니다.

귀신 들린 자들에게 자신의 미래를 의지하고 갖가지 점술이나 미신, 철학에 빠져 소중한 인생을 하나님과 관계없는 먼 거리에서 신음하고 있습니다.

그러나 하나님의 큰 사랑은 죽음의 노예가 된 인간을 그대로 방치해 두지 않으셨습니다.

위대하신 구원자 그리스도의 출현을 계획하시고 영원한 멸망 속에 빠져 있는 인류 구원을 사랑으로 실현해 주셨습니다.

그 이름이 예수 그리스도이십니다.

"피 흘림이 없은즉 사함이 없느니라"

하나님을 떠난 모든 인간의 원죄(하나님을 떠난 죄) 문제를 해결해 주시기 위하여 십자가를 지신 그리스도이십니다.
하나님 떠난 죄, 원죄가 없는 분은 그리스도 예수 한 분뿐입니다.
그래서 하나님 스스로 인간의 몸을 입고 세상에 오셔서 십자가를 지신 것입니다. 십자가의 예수 그리스도는 곧 하나님 그 분이십니다.

구약 시대에는 인간이 죄를 지을 때마다 양 같은 짐승의 피를 하나님 제단에 바치고 죄 사함을 받았습니다.
그러나 인간은 죄 사함을 받고 돌아서면 또다시 죄를 지을 수밖에 없는 세상과 직면하게 됩니다.

하나님 제단은 언제나 짐승의 피비린내가 가득했습니다.
그러나 하나님 떠난 인간은 짐승의 피로 아무리 대속의 죄 사함을
받아도 죄의 세상 속에서 자유로울 수 없습니다.

그러나 이제 예수 그리스도의 십자가의 피는 모든 인류를 하나님
떠난 원죄로부터 완전한 죄 사함을 주신, 용서와 사랑의 결정체입
니다.
예수 그리스도께서 십자가에서 하나님 떠난 원죄 문제를 해결하
심으로 인간은 더 이상 짐승의 피를 대속해서 죄 사함을 받을 필
요가 없게 되었습니다.

그래서 십자가는 보혈입니다.
인생들의 죄 문제를 완전하게 해결하신 은혜의 피 흘림입니다.
겉으로 보기에는 처절하고 비통한 십자가의 죽음이지만 영적인
이면에는 죽음의 권세를 물리치시기 위한 수단으로 죽음을 찾아
가신 심판자의 권세입니다.

예수 그리스도는 단순히 하나님의 성육신하신 이름이 아닙니다.
인간의 죽음 문제를 해결하신 부활의 권세입니다.

"또 인자됨을 인하여 심판하는 권세를 주셨느니라"

예수 그리스도께서는 죽음까지도 심판하시는 심판의 주체입니다.

예수 그리스도께서는 성경대로 죽으시고 성경대로 죽음을 이기고 부활하셨습니다.

음부를 이기시고 부활하신 예수님은 그리스도 권세를 소유하신 절대 권세자이십니다.

죽음의 세력은 그리스도 권세 앞에 풍전등화와 같이 무너졌습니다.

"주는 그리스도시오 살아계신 하나님의 아들이시니이다 ~ 음부의 권세가 이기지 못하리라"

그리스도는 절대 권세입니다.

죽음을 심판한 권세입니다.

하나님을 떠나서 죽음에 빠진 인류를 죽음으로부터 해방시킨 권세이십니다.

그리스도 권세 앞에서 죽음의 세력은 더 이상 활개를 칠 수 없게 되었습니다.

예수께서는 그리스도 권세로 인간을 죽음으로부터 영원한 생명으로 구원하셨습니다.

죽음의 노예였던 인생들을 하나님의 자녀로 삼아 주셨습니다.

인간에게 주어진 영생은 그리스도 권세로 이루신 은혜입니다.

믿음의 성도들은 진정한 심령으로 예수 그리스도를 주인으로 섬길 때 그리스도 권세는 성도들의 권세로 주어집니다.

"그리스도 예수 안에 있는 생명의 성령의 법이 죄와 사망의 법에서 너를 해방하였음이라"

그리스도 권세는 생명의 권세입니다.
그리스도 권세는 죽음으로부터 완전한 해방을 주신, 해방의 권세입니다.
죽음의 세력을 심판하시고 믿음의 인생들에게 해방의 기쁨을 주신 부활의 절대 권세입니다.

2. 그리스도 권세는 영생을 주신 권세입니다.

예수 그리스도를 믿는 성도들은 죽음과 관계없는 영생의 사람들입니다.
예수 그리스도께서 십자가에서 죽으시고 부활하심으로 이루신 영생입니다.

예수 그리스도는 창조주 하나님이시며, 하나님 떠난 인간의 구원을 위하여 주저 없이 십자가를 지시고 죽음을 이기신 부활의 구원자이십니다.
예수 그리스도만이 인간에게 영생을 주실 수 있는 권세자입니다.

"아버지께서 아들에게 주신 모든 자에게 영생을 주게 하시려고 만민을 다스리는 권세를 아들에게 주셨음이로소이다"

예수 그리스도께서 주신 영생은, 예수 그리스도께서 구세주라는 사실을 마음으로 믿고 입으로 시인하는 믿음 안에서 주어지는 특별한 선물입니다.

믿음의 결국은 영생입니다.
영생은, 모든 인생들의 꿈같은 소망입니다.
어떤 권세가나 재력가도 이룰 수 없는 영생입니다.
근면함, 성실함, 선한 노력으로 이루어지는 영생이 아닙니다.
인간의 어떠한 노력이나 행위로도 이룰 수 없는 영생입니다.

영생은 오직 예수 그리스도를 믿는 믿음 안에서 주어지는 하나님의 특별하고도 경이로운 은혜의 선물입니다.

영생은 예수 그리스도께서 구세주라는 사실을 믿는 믿음입니다.

"지금 내가 문밖에 서서 기다리노니 네가 마음의 문을 열면 들어가 너와 더불어 먹고 너는 나와 더불어 영원히 살리라"

예수 그리스도를 영접하는 믿음은 새 생명을 얻는 축복입니다.
영생은 예수 그리스도를 구세주로 영접함으로 주어지는 영원한 생명의 삶을 말합니다.

예수 그리스도를 진실한 믿음의 마음으로 영접할 때 하나님의 영이신 성령께서 믿는 자의 마음속으로 들어오십니다.

성령께서 믿는 자의 마음속에 들어오신 상태가 영생입니다.

"아들이 있는 자에게는 생명이 있고 아들이 없는 자에게는 생명이 없느니라"

성령은 하나님의 영이시며 그리스도의 영입니다.

그리스도는 하나님의 형상입니다.

하나님의 형상은 영이십니다.

그러므로 그리스도는 하나님의 형상인 동시에 하나님의 영입니다.

그리스도께서는 십자가의 처절한 죽음을 통하여 죽음을 이기시고 부활하신 권세를 영생의 생명들에게 주셨습니다.

그리스도 권세를 주신 이유는, 영생 얻은 축복을 시기하고 분열시키려는 사탄의 음모가 존재하고 있는 세상이기 때문입니다.

그리스도 권세는 능히 사탄의 유혹과 궤계를 물리치고 영생을 지켜낼 수 있는 권세입니다.

영생은 그 무엇과도 비교할 수 없는 소중한 은혜의 선물입니다.

영원히 살 수 있는 것보다 값진 것은 아무 것도 없습니다.

"나는 부활이요 생명이니 나를 믿는 자는 죽어도 살겠고 무릇 살아서 나를 믿는 자는 영생을 얻으리라"

영생을 얻은 자는 마땅히 세상 욕망을 내려놓고 예수 그리스도께서 영생을 주신 사랑을 위하여 새로운 삶을 추구하게 됩니다.

영생을 은혜로 받은 자는 마땅히 천국을 소망하는 삶의 변화를 기쁨으로 수용하게 됩니다.
영생을 받은 자의 생명은 영원한 것을 소망하는 부활의 믿음이기 때문입니다.
일백년 남짓 나그네 길 끝에 영원한 생명을 주신 예수 그리스도와 함께 살아갈 천국 성도들이기 때문입니다.

3. 그리스도 권세는 천국 열쇠를 주신 권세입니다.

그리스도 권세는 천국 문을 열어주신 권세입니다.
예수 그리스도를 영접할 때 성도들은 하나님 자녀가 되었습니다.
예수 그리스도를 영접할 때 하나님께서는 자녀의 신분을 주셨습니다.

하나님께서는 왜 하나님 자녀가 되는 신분만 주시지 않고 권세까지 주셨을까요?

사탄은, 지금도 하나님 자녀들이 그리스도 권세를 사용하지 못하도록 유혹하고 훼방을 놓고 있습니다.

믿음의 성도들일지라도 그리스도 권세를 희미하게 가려놓으면 힘없는 성도들이 되기 때문입니다.

그리스도 권세 앞에 무너진 사탄은 그리스도 권세만을 두려워합니다.

"이 세상 신이 믿지 아니하는 자의 마음을 혼미케 하여 그리스도의 영광의 복음의 광채가 비취지 못하게 함이니 그리스도는 하나님의 형상이라"

사탄은, 영광의 광채이신 그리스도의 권세를 희미하게 만들려고 온갖 술수를 다 부리고 있습니다.

그리스도가 희미해진다는 뜻은, 하나님 형상이 파괴된다는 뜻입니다.

하나님 형상이 파괴된다는 뜻은, 구원의 확신이 무너진 상태를 뜻합니다. 구원의 확신이 무너진다는 뜻은, 천국 입성을 확신하지 못하는 연약한 믿음을 의미합니다.

사탄은, 예수 그리스도께서 주신 영생의 축복으로 천국을 입성할 성도들의 아름다운 미래를 훼방합니다.

그래서 하나님께서는 전신갑주를 입고 깨어 있으라고 경고하고 계십니다. 천국에 입성할 그날까지 사탄의 유혹을 물리치고 영생의 축복을 열매 맺으라고 격려하십니다.

왜냐하면 창조주 하나님이신 예수 그리스도께서 이 땅에 오실 만큼 엄청난 궤계를 부린 사탄에게 영생의 기쁨을 송두리째 빼앗길 수 있기 때문입니다. 지금도 사탄은, 이런 저런 핑계로 하나님을 섬기는 믿음을 연약하게 하고 성도들을 죽음으로 몰아넣으려는 궤계를 멈추지 않고 있습니다.

피조물인 인간은 창조주 하나님만을 섬겨야 합니다.
그러나 아직도 많은 사람들이 창조주 하나님을 섬기지 않고, 훌륭한 업적을 남긴 인간이나 자연을 경배의 대상으로 여기며 우상숭배에 빠져 있습니다.

인간이 인간을 숭배하는 것은 우상숭배입니다.
훌륭한 업적을 남긴 인간은 존경의 대상입니다.
경배의 대상은 절대 아닙니다.
경배의 대상은 오직 창조주 하나님 한 분뿐입니다.

이단들이 설쳐대는 망극의 세상입니다.
시대를 막론하고 인간이 스스로 하나님이라며 정신착란을 일으키는 이단들은 반복적으로 출현하고 있습니다.
모두가 사탄에게 조종을 당하고 있는 현상들입니다.
사탄은, 그리스도 권세 앞에 이미 무너진 몰골로 어처구니없는 이

론으로 허상을 꾸며댑니다.

그리스도는 사탄을 물리쳤습니다.
그리스도께서 부활하심은 곧 죽음을 이기신 증거입니다.
그리스도는 창조주 하나님의 권세이십니다.

문자적으로는, 구약시대에 하나님께서 직접 기름부음을 주셨던 선지자, 제사장, 왕, '삼중 직분'을 합하여 '그리스도'라고 합니다.

그러나 예수께서 '그리스도' 권세 자라는 사실은 문자적인 해석으로 끝나는 권세가 아닙니다.
그리스도는 창조주의 권세입니다.
선악과를 따 먹고 죽은 인간에게 새 생명의 길을 열어 주신 권세입니다.

하나님을 배신한 인생들을 위해 십자가에게 보혈을 흘려주신 죄 사함의 권세입니다.
죽음을 물리치고 부활하신 권세입니다.
믿는 자들의 생명을 영생으로 인도하시고 하나님 나라를 통치하시는 만왕의 왕이 지니신 권세입니다.

예수님은 오직 그리스도 권세 자이십니다.

사탄에게 붙잡혀서 죽음을 두려워하며 종노릇하던, 하나님 떠난 인생들을 사탄의 음부에서 하나님의 나라로 옮겨 주신 권세이십니다.

예수께서는 그리스도 권세로 음부에 숨어 있는 사탄을 심판하셨습니다.
예수 그리스도께서 부활하심은 죽음을 이기시고 영생의 길을 열어주신 증거입니다.
예수 그리스도께서 부활하심으로 성도들은 천국을 보장받게 되었습니다.

그래서 그리스도는 천국 열쇠입니다.
성경은 온통 그리스도에 대한 증거입니다.
구약성경은 그리스도께서 오신다는 약속이고 신약성경은 그리스도께서 오셨음을 증거하고 있습니다.
성경을 압축하면 그리스도입니다.

예수께서는 그리스도 권세로 하나님 떠난 인간의 원죄 문제를 해결하셨고,
그리스도 권세로 사탄의 나라를 멸하시고 하나님 나라 백성의 신분을 회복시켜 주셨습니다.

목회자들이 일평생 설교할 말씀은 오직 그리스도와 그리스도 권

세에 관한 선포입니다.

성도들이 일평생 들어야 할 말씀 또한 오직 그리스도와 그리스도 권세를 사용할 수 있는 하나님 자녀의 특별한 은혜에 관한 말씀입니다.

성도들은 그리스도의 권세를 지닌 하나님의 성스러운 백성들입니다.

성도들은 마땅히 그리스도 권세를 사용하여 새 생명을 주시는 그리스도의 증인이 되어야 합니다.

그리스도의 권세는 모든 성도들의 권세입니다.

그리스도의 권세를 사용할 때 성도들은 천국을 소망한대로 입성할 수 있습니다.

그리스도 권세를 성도들에게 주신 이유는, 천국 입성을 훼방하는 어둠의 세력을 물리치고 죽음의 쇠사슬에 메여 있는 불신자들에게 영생의 길을 일깨워주라는 소명 때문입니다.

성도에게는 천국 열쇠가 있습니다.

천국 열쇠는 그리스도 권세로 주신 영생의 열쇠입니다.

성도들 또한 천국 열쇠를 나누어 줄 수 있는 그리스도 권세의 소유자들입니다.

성도들은 누구나 십자가의 보혈로 값없이 주신, 경이롭고 놀라운 그리스도권세를 사용할 수 있습니다.

성도들은 예수 그리스도께로부터 천국 열쇠를 먼저 부여받은 영생의 소유자들입니다.

그렇기 때문에 성도들이 그리스도 권세를 선포할 때는 어두운 세력은 무너지고 새 생명은 잉태됩니다.

영생의 생명이 눈앞에서 주어지는 신비롭고 경이로운 기적은 전도 행위로 체험하고 증거하게 됩니다.

그래서 전도는 성도들의 하늘 상급입니다.

믿는 자는 천국을 소망으로 살아갑니다.

믿는 자는 천국 입성이 보장되어 있습니다.

그리스도께서 주신 천국 열쇠를 소중히 간직할 수 있는 성도들의 힘은 그리스도 권세를 사용할 때 발휘됩니다.

"은과 금은 내게 없으나 내게 있는 것으로 네게 주노니 나사렛 예수 그리스도 이름으로 명하노니 일어나 걸으라"

그리스도 권세를 사용함으로 하늘 상급을 무한히 쌓는, 그리스도 권세를 선포하는 힘 있는 성도들이 되시기를 예수 그리스도 이름으로 축원 드립니다. 아멘.

새해에는

새해에는
하나님께서 주인 되는
삶을 영위하게 하소서

새해에는
예수께서 그리스도이신 복음을
깊이 있게 깨닫게 하소서

새해에는
눈으로 볼 수 있는 것보다
내면의 울림에 귀 기울이게 하소서

새해에는
재물과 안락의 환경을 경계하고
하나님 주시는 평안을 사모하게 하소서

새해에는
지금 가지지 못한 것을 동경하지 말고
이미 가진 것을 감사하게 하소서

새해에는
그리스도 권세를 회복하는 열망으로
범사에 충만케 하소서

새해에는
창조 진리를 모르는 인생들에게
영생의 길 전하게 하소서